学生国学丛书新编

主编 王 宁
顾问 顾德希

文史通义

章锡琛 选注
赵芳媛 校订

商务印书馆
The Commercial Press

学生国学丛书新编

主　　编：王　宁

顾　　问：顾德希

特约编辑：黄国辉

审 稿 组：党怀兴　董婧宸　凌丽君

　　　　　赵学清　周淑萍　周玉秀

总序之一
—— 在阅读中走近中华优秀传统文化

王 宁

　　王云五、朱经农主编的《学生国学丛书》，是一套为中学生和社会普及层面阅读古代典籍所做的文言文选本。它隶属在王云五做总主编的《万有文库》之下，1926年开始陆续由商务印书馆出版。20世纪20年代开始策划时，计划出60种，后来逐渐增补，到1948年据说已经出版了90种；因为没有总目，我们现在搜集到的仅有71种。由于今天弘扬中华优秀传统文化和提高文言文阅读能力的社会需要，我们决定对这套丛书进行适应于现代的加工编辑，将它介绍给今天的读者。

　　在推介这套丛书的时候，我们保存了原编的主要面貌：选书与选篇基本不变，将原书绪言保留下来，每篇选文原注所选的注点，也作为这次新编的重要参考。这样做是为了尽量借鉴前贤的一些构思和做法，并保留当时文言文阅读水平的基本面貌，作为今天的参考。

《学生国学丛书》是本着商务印书馆"昌明教育，开启民智"的一贯宗旨编选的，阅读群体应当主要是当时的中学生。20年代的中学生阅读文言文的水平显然比今天高一些，因为那时阅读文言文的社会环境与现在不同，虽然白话文已经通行，但书信、公文、教科书和报刊中，都还保留了不少文言文。国文课的师资，很多也是在国学上有一些根柢的文士。在知识界和语文教育界，文言文阅读还不是什么难事。今天，文言文阅读水平既关系到继承和弘扬中华优秀传统文化的效能，又关系到现代社会总体人文素质的提高，应当达到什么程度最为合适？民国时期是可以作为一个基准线的。

《学生国学丛书》体现了20世纪之初一些爱国的出版家和教育家把中华优秀传统文化传承给下一代的情怀、理想和实干精神。他们策划这套丛书的宗旨和编则，可资借鉴的地方很多，他们的实践经验、教育精神和国学学养值得我们学习的地方也很多。这一点，是我们了解了丛书的主编和40多位编选者的情况后感受到的。

丛书的主编王云五、朱经农，都是我国20世纪初爱国、革新的出版家。王云五主编《万有文库》，开创了我国图书出版平民化的新纪元，体现了新文化运动中普及文化教育的先进思想。《学生国学丛书》是《万有文库》里专门为中学生编选的，目的是将弘扬民族文化精华的理念带入初等教育，这在当时不能不说是有远见的。两位主编不论在反对封建帝制的革命中，还是在民族危难的救国图强斗争中，都有可圈可点的事迹，值得钦佩。与两位主编合作的40多位编写者，多是辛亥革命的参与者和新文化运动的前沿人物。他们熟悉古代文典，对中国文化理解通透，领悟深刻，又有强烈的反封建意识；其中很多都在中小学教育领域里有过丰富的实践经验，教过国文，编过教材，研究过教法。这里有我们十分熟悉的教育家和文学家，如我国现代教育特别是语文教育的领军人物叶绍钧（他后来的名字是叶圣陶），新文化运动的先驱者、中国革命文艺的奠基人之一、著名作家茅盾（他当时的名字是沈德鸿，后来为大家熟悉的姓名是沈雁冰）。这两位，多篇作品都被收入中学语文课本，20世纪50年代以后的老师、同学是无人不知的。其他如著作丰厚、名震一时的藏书家胡怀琛，国学根柢深厚、考据功底极深、《中国人名大辞典》《中国古今地名大辞典》的主要编写人臧励龢，我国语文教育的改革家庄适等。

　　20世纪初的中国社会，多种文化思潮纷纭杂沓：改良主义者提出"师夷制夷""严祛新旧之名，浑融中外之迹"的折中主张；历史虚无主义者在"全盘西化"的徽帜下将西方的一切甚至文化垃圾照单全收；殖民主义文化论者叫嚣中国道德一律低级粗浅，鼓吹欧洲人生活方式总体文明高超；另一方面，封建复辟野心家的代言人则一味复古，用古代的文化糟粕来抵抗新文化的建构。这些，都对比出爱国的出版家、学问家、教育家既要固本又要创新的理想和实践精神的可贵；也让我们认识了新文化运动及革命文学的前沿人物坚守教育阵地的不懈努力，懂得了他们的编纂意图和深厚学养。保留丛书主要面貌，就是对他们成果的尊重和信任。

随着中华优秀传统文化的广泛传播，随着中小学语文教学改革的深入发展，在读书成为教师、家长和渴求文化的大众普遍要求之时，文言文阅读将会是其中一个重要的内容。有人说，文言只是一种古代的书面语，口语交际和现代文本已经不再使用，我们为什么还要学习文言文呢？在推介这套丛书的时候，我们有必要来回答这个问题。

文言是古代知识分子和正统教育使用的书面语言，具有超越时代、超越方言的特性，因而也同时具有了记载数千年中华民族灿烂文化的主要功能，它是与中华民族文明史共存的。许慎《说文解字叙》说汉字的作用是"前人所以垂后，后人所以识古"，这两句话即是对汉字记录的文言说的。我国历史悠久，文化遗产丰富，用文言记录的历史文献，用文言撰写的文学作品，多到不可计数，只有学习它，才能从古知今，以史为鉴。文言所记录的，不仅是古代社会的典章制度和政治经济，还有先贤哲人的人生经验和思想哲理，让我们看到中华民族一代又一代人的智慧。想想看，如果我们及早领会了古人"斧斤以时入山林"的采伐规则，便不会过度开发建材，造成那么多秃山荒岭，把气候搞得这样糟糕。我们读过也理解了"今之孝者是谓能养。至于犬马，皆能有养。不敬，何以别乎"这段话，就会在对待长者时，把他们的尊严看得和他们的生计同等甚至更加重要！"防民之口甚于防川""水能载舟亦能覆舟"，这是对阻塞言路者多么深刻的警醒。在道德重建的今天，中国传统道德中"己所不欲勿施于人"的利他主义，"爱民""富民""民为重"的民本思想，"以不贪为宝"的清廉品德，"志士不忘在沟壑，勇士不忘丧其元"的大义凛然态度，"吾日三省吾身"的自律精神，"君子怀刑"的守法意识，……这些，即使在今天的一般阅读中，也已经深入人心。可以想见，进入深度阅读后，我们一定会受到更多的启迪，在阅读中产生更多的惊喜。著名的国学大师、革命家和思想家章太炎，1905年7月15日在东京留学生欢迎会上演讲时说："近来有一种欧化主义的人，总说中国人比西洋人所差甚远，所以自甘暴弃，说中国必定灭亡，黄种必定剿绝。因为他不晓得中国的长处，见得别无可爱，就把爱国爱种的心，一日衰薄一日。若他晓得，我想就是全无心肝的人，那爱国爱种的心，必定风发泉涌，不可遏抑的。"阅读文言文，就是要使我们具有这种文化自信。是的，遗产是有精华也有糟粕的，古代的未必都适合今天；我们只有真正读懂文典，将历史面貌还原，再有了正确的价值观，才能辨析断识，而不是道听途说，更不会受人蛊惑。在这个意义上，文言文阅读作为吸收中华优秀传统文化的必要途径，绝不是可有可无的。

文言文阅读是产生汉语正确语感的一个重要源泉。汉语不是一潭死水，从古到今，不知吸收了多少其他民族的词汇和句法，也曾经夹杂着很多不雅甚至不洁的成分；但是，文言经过数千年的洗涤、锤炼，已经渐渐将切合者融入，不切合者抛弃。经过大浪淘沙、优胜劣汰而能流传至今的美文巨制，会更加显现汉语的特点。而现代汉语刚刚一个世纪，在根柢不深、修养不佳的人们的口语里、文辞中，常常会受外语特别是英语的影响，受不健康的市井俚语的侵染，产出一种杂糅的语言。我们想在运用现代汉语时真正体现出汉语的特点，比如词汇丰富、句短意深、注重韵律、构造灵活等，提高用健康、优美的汉语表达正确、深刻的思想的能力，文言会带给我们一些天然的汉语语感。热爱自己的本国语言，不断提高运用汉字汉语的能力，这是每一个人文化素养中最重要的表现；克服语言西化、杂糅的最好办法，是在学习规范、优美的现代汉语的同时，对文言也有深入的感受和体验。

文言文阅读还是从根本上理解现代汉语的重要条件。人们都认为现代汉语与文言差别很大，初读时甚至感到疏离隔膜、难以逾越。其实，汉语是一种词根语，词汇和语义的传衍非常直接，文言中百分之七十的词汇、词义，在现代汉语的构词法里都能找到。在书面语里，文言单音词的构词能量有时会比口语词更强。经过辗转引用积淀了深厚文化底蕴的典故、成语，成为使用汉语可以撷取的丰富宝库。如果我们对文言一无所知，是很难深入理解现代汉语的。有些人认为，在语文教学中现代文阅读和文言文阅读是两条线，其实，在词汇积累层面上，应该把它们并成一条线。学习文言与学习现代汉语，在积累词汇、理解意义、体验文化、形成语感方面是相辅相成的。

在推介《学生国学丛书》的时候，我们也有另外一重考虑。这套丛书毕竟经过了将近一个世纪，时代和社会都发生了根本的变化，我们有了更加明确的核心价值观和适应于现代的审美意识，语言、文字、文学、文献、教育都有了更新的研究成果，对丛书进行适度的改编，也是绝对必要的。所以，这次新编，我们主要做了五项工作：第一，为了今天在校学生和普通读者阅读的方便，改竖排为横排，标点符号也随之改为现代横排的规范样式。第二，变繁体字为简化字，在繁简转换的过程中，对在文言文语境中有可能产生意义混淆的用字，做了合理的处理。第三，采用今天所见较好的古籍版本对原书的选文进行了审校，订正了文句的错、讹、脱、衍。第四，对原书的注释进行了修改、加工、调整，使注释更加准确、易懂，对地名和名物词的解释，也补充了最新的资料。第五，撰写了新编导言，放在原书绪言的前面。原编者和新编者对同一部书和同一篇文的看法，或所见略同，或相辅相成，或角度各异，或存在分歧，都能促进阅读者的思考和讨论，引发延展性学习，带动更多篇目和整本书的阅读。

《学生国学丛书》本来是一套开放的丛书，我们还会根据教学和读者的需要，补充一些当时没有被选入的优秀古代典籍的选本，使新编的丛书不断丰富。

我国每年有将近两亿的青少年步入基础教育，一个孩子有不止一位家长，这是一个多么庞大的读书群体。将一个世纪以前的《学生国学丛书》通过新编激活，让它走进一个新的时代，更好地发挥它在语文教育和弘扬我国优秀传统文化中的作用，这是我们之所愿，也希望能使编写这套书的前辈们夙愿得偿。

总序之二

——植入健康的文化基因

顾德希

　　优秀的传统文化是中国人的精神家园。学生多读些国学典籍，将有助于把优秀传统文化的基因植入肌体。王宁老师的"总序"，对本丛书的这一编辑意图已有深入全面的阐释，我打算就如何阅读这套丛书，或者说如何阅读文言文，做些补充性说明。

　　这套丛书的每一本，都专门写了新编导言。这是今日读者和原书连接的桥梁。人们常把桥梁喻为过河的"方法"，所以也可以说，新编导言之所谓"导"，就是力图为各类学生和更多读者提供一些阅读的方法。

　　这套丛书有好几十本，都是极有价值又有相当难度的国学经典，如不讲究阅读方法，编辑意图的实现会大打折扣。但这些经典差异性很大，《楚辞》和《庄子》的阅读肯定很不同,《国语》和《周姜词》的阅读方法差别就更大,即使同是词,读《苏辛词》与《周姜词》也不宜用完全相同的方法。因此本丛书新编导言所提供的阅读方法,针对性很强,因书而异。但异中有同,某些共性的方法甚至更为重要。不过,这些共性的方法渗透在每一篇导言中,未必能引起足够重视。下面,我想谈谈文言文阅读的四个具有共性的方法。

一、了解作者和相关背景,了解每本书的概貌,对每本书的阅读都很重要,这毋庸置疑。但一般读者了解这类相关知识,目的仅在于走近这本书。因而涉及作者、背景、概貌等,导言中一般不罗列专业性强的知识,而诉诸比较精要的常识性叙述。比如对《吕氏春秋》作者吕不韦,并没有全面介绍,也没有像过去那样从伦理道德上对这个历史人物加以贬抑,而只侧重叙述了他作为政治家的特点,因为明乎此便很有助于了解《吕氏春秋》。又如《世说新语》的成书背景有其特殊性,也需要了解,但限于篇幅,叙述的浓缩度很大。凡此种种必要的常识,新编导言里一般是点到为止,只要细心些,便不难从中获得多少不等的启发。兴趣浓厚者,查找相关知识也很容易。

二、借助注解疏通文本大意之后,就要反复诵读。某些陌生的词句,更要反复诵读。一句话即使反复诵读二十遍也用不了两三分钟，但这两三分钟却非常重要。

"诵读"是出声音的读，但并不是朗诵。大家所熟悉的现代文朗诵，不完全适用于文言诗文。朗诵往往是读给别人听，诵读却是读给自己听。古人所谓"吟咏"，是适合于当时人自己感悟的一种诵读。今天的诵读，用普通话即可，节奏、抑扬、强弱、缓急，都无客观规定性，可随自己的感受适当处理。如果阅读文言文而忽略了诵读，效果至少打一个对折。不念出声音的默读，是只借助视觉器官去感知；出声音的诵读，是把视觉、听觉都动员起来的感知，其所"感"之强弱不言而喻。而且一旦读出声音，就让声带、口腔等诸多器官的运动参与进来了，凡诉诸运动器官的记忆，最容易长久。会骑车的人，多年不骑，一登上车还是会骑。因为骑车的感觉是一种运动记忆。文言语感的牢固形成与此类似。古人所谓"心到、眼到、口到"之说，实在是高效形成文言语感的极好方法。不管是成篇诵读，片段诵读，还是陌生词句的反复诵读，都是提升文言文阅读能力的好办法。本丛书的每一篇新编导言并未反复强调"诵读"，但各种阅读建议无不与某些片段的反复读相关。既读，就要"诵"，这是文言文阅读的根本方法。

三、应用。这是与文言翻译相对而言的。把文言文阅读的重点放在"翻译"上，副作用很多。一是不可避免信息的丢失。概念意义、情味意蕴，都会丢失。课堂教学中让学生把一篇文言文从头到尾"对号入座"地搞翻译，是文言教学中的无奈之举。一句一句，斤斤计较于文言句法词法和现代汉语的异同，结果学生的诵读时间没有了，刻意去记的往往是别别扭扭的"译文"，而精彩的原文反倒印象模糊，这不是买椟还珠吗！所以，在疏通大意、反复诵读的同时，一定要重视"应用"。应用，就是把某些文言词句直接"拿来"，用在自己的话语当中。比如，在复述大意时，在谈阅读感受理解时，不妨直接援引几句原话。如果能把原文中的某些语句就像说自己的话一样，自然而然地穿插到自己的述说中，那就是极好的应用。本丛书新编导言中援引原作并有所点评、有所串释、有所生发之处很多，但绝不搞对号入座的翻译，这不妨看作文言文阅读方法的一种示范。新编导言中有很多建议，要求结合作品谈个什么问题，探究个什么问题，都不同程度地含有这种"应用"的要求。

四、坚持自学。这套丛书，为学生自学文言文敞开了大门。学生文言文阅读的状况永远会参差不齐。同一个班的高中生，有的已把《资治通鉴》读过一遍，有的能写出相当顺畅的文言文，但也有的却把"过秦论"读成"过奏论"，这是常态。只靠面对几十个人的文言课堂讲授，几乎不可能使之迅速均衡起来。只有积极倡导自主性学习，才可能有效提高教学质量。本丛书的新编导言，高度重视对文言自学的引导。每篇新编导言都就怎样去读提出许多建议。这些建议有难有易，不是要求每一个人全都照着去做。能飞的飞，能跑的跑，快走不了的慢走也很好。新编导言在"导"的问题上，从不同层次上提出不同建议，相信各类学生都能找到适合自己的要求。只要选择适合自己或者自己感兴趣的要求，坚持不懈去"读"，去"用"，文言文的自学一定会出现令人惊喜的成果。从这个意义上说，本丛书的每一本，都是适合于各类读者自学国学经典的好读本。每一本中经过精心处理的注解，是自学的好帮手；而每一篇新编导言，又都可对自学起到切实的引导作用。只要方法对，策略恰当，那么这套丛书肯定能帮助我们有效提高文言文阅读水平。

目前，在深化高中语文课改的大背景下，很多学校高度重视突破过去那种一篇篇细讲课文的单一教学模式，开始重视"任务群"的学习，重视整本书的阅读，重视选修课的开设，重视校本课程的建设。在这样的大背景下，如果学校打算从本丛书中选用几本当作加强国学教育的校本教材，那么"新编导言"对使用这本书的教师来说，也可起到某种"桥梁"作用。

不管用一本什么书来组织学生学习，都必须对学生怎样读这本书有恰当引导。这是提高教学质量的一定不移之理。恰当的引导，要有助于各类学生更好地进入这本书的阅读，要有助于各类学生更好地开展自主性学习，要使之在文本阅读中进行有益的探究，并获得成功的喜悦。为了使新编导言的"导"能起到这样的作用，本丛书专门组织了多位一线优秀教师先期进入阅读，并把成功教学经验融入新编导言。因此，我们有理由相信，新编导言可以成为组织学生学习活动的有益借鉴。导言中结合具体作品对阅读所做的那些启发、引导，针对不同水平读者分层提出的那些建议，都将有助于教师结合自己学生的实际情况进一步拟出付诸实施的具体导学方案。

我相信，只要阅读文言文的方法恰当，只要各类读者从实际情况出发，循序渐进地学，优秀传统文化的基因就一定能更好地植入肌体。

目　录

新编导言 ··· *1*

原书绪言 ··· *11*

书教上 ··· *21*

书教中 ··· *28*

书教下 ··· *35*

诗教上 ··· *44*

诗教下 ··· *54*

原道上 ··· *65*

原道中 ··· *74*

原道下 ··· *81*

原学上 ··· *88*

原学中 ··· *91*

原学下 ··· *95*

博约上 98

博约中 101

博约下 104

浙东学术 107

文德 111

文理 115

质性 123

黠陋 131

俗嫌 141

古文公式 145

古文十弊 150

史德 163

史释 170

方志立三书议 176

史篇别录例议 188

杂说上 199

杂说中 202

杂说下 206

说林 210

新编导言

章学诚（1738—1801）字实斋，浙江会稽（今绍兴）人，清代著名史家，代表作有《文史通义》和《校雠通义》等。所著《文史通义》分内篇5卷、外篇3卷，其书"上探班（固）刘（歆），溯源《官礼》，下该《雕龙》《史通》，甄别名实，品藻流别"[①]，是中国古代史学理论的巅峰之作。梁启超誉之为"乾嘉后思想解放之源泉"[②]，并将章学诚称为"清代唯一之史学大师"[③]。此外，该书能够通论文史，"不仅是史学评论著作中不可多得的佳作，而且也是文学批评园地里的奇葩"[④]。既与

[①] 章学诚《与严冬友侍读》，章学诚著、仓修良编注《文史通义新编新注》，商务印书馆，2017年，第704页。
[②] 梁启超《清代学术概论》，上海古籍出版社，2005年，第58页。
[③] 梁启超《中国近三百年学术史》，上海古籍出版社，2014年，第294页。
[④] 仓修良《谈谈章学诚的〈文史通义〉》，《文史知识》1983年第6期，第19页。

刘知幾的《史通》并称为中国古代史学理论的"双璧",亦能在文学批评领域媲美刘勰的《文心雕龙》。

一

尽管《文史通义》在文史理论阐释与研究方面成就卓著,但是这本书读起来却有一定的难度。著名史学家白寿彝先生在谈阅读《文史通义》时就说:"《文史通义》是在史学史上占有重要地位的一部书,也是我喜欢阅读的一部书,但这书也确实不好读。我喜欢阅读,是因为它有功力、有见识,提出来的问题耐人寻味。说它不好读,因为它涉及的学术领域相当广泛,它有多方面学术渊源的继承关系,还有作者所处时代之特定的政治环境和学术环境以及作者所特有的表达形式和语言。读这部书,是须下功夫的。"[①]

公元1772年,时年35岁的章学诚正式开始《文史通义》的撰写工作,在之后的三十余年间,章氏"以贫贱之故,周流南北"[②],"苦饥谋食,辄藉笔墨营生"[③],只能"撰著于车尘马足

---

① 白寿彝《〈文史通义校注〉书后》,《史学史研究》1988年第2期。
② 章学诚《上韩城相公书》,《章氏遗书》第24册,文物出版社,1982年,第45页。
③ 章学诚《与宗族论撰节愍公家传书》,《章氏遗书》第24册,文物出版社,1982年,第79页。

之间"①，尽管笔耕不辍，但直至章氏64岁逝世时也未能完成原定的写作计划。因此，《文史通义》只是单篇文章的汇集，诸篇论述范围广泛，内容稍嫌庞杂，联系相对松散，不仅没有统一且严格的义例，也没有形成完整的体系。章氏59岁时原本打算对《文史通义》进行一次全面的编选、整理与修订，在《跋丙辰中山草》中写道："所草多属论文，是其长技，故下笔不能自休。而闲居思往，悼其平日以文墨游，而为不知己者多所抵牾，而谬托于同道也。故其论锋所指，有时而激，激则恐失是非之平，他日录归《文史通义》，当去芒角，而存其英华，庶伸后之览者，犹见其韧心尔。"然而五年之后，章学诚带着遗憾离开了人间，编订《文史通义》的计划最终没能实现。不过章氏临终前曾将《文史通义》全稿托付给好友王宗炎编排、校订；章氏过世后，次子章华绂不满王宗炎的编排，另行编印了大梁本《文史通义》，但是这两种本子均未能反映章氏本人的编撰思想。后来在这两种本子的基础上，经过学者专家们的广泛搜集与潜心地整理、研究，又陆续刊行了多种版本的《文史通义》，但是各本收录篇目的数量、内容出入颇大。这部未定型且编排也不够理想的《文史通义》，不仅给学者研究带来了诸多不便，更使得普通读者望而却步。

---

① 章学诚《与邵二云论学》，《文史通义新编新注》，商务印书馆，2017年，第666页。

1929年，经章锡琛先生编选并注释的"学生国学丛书"本《文史通义》正式刊行。本版《文史通义》所收篇目数量虽少，仅有19篇，但每一篇都是章氏的精粹之作。在篇目的编排上，章锡琛先生也是煞费苦心，书中首先编列了集中反映章学诚对道德学术见解的《书教》至《浙东学术》六篇；其后《文德》到《古文十弊》七篇，皆为论文之作；再后《史德》迄于《史篇别录例议》四篇，均为论史专文；最后的《杂说》《说林》二篇，则是没有确定主题、内容广泛的杂论，反映了章学诚在为人、治学、撰文等方面的所思所感。章锡琛先生依据文章内容有条理、有系统地选文编目，为初学文史理论的普通读者开辟了一条入门之径。

二

对于《文史通义》这样一本综合研讨文史理论的专著，我们现代人应该怎样阅读？需要注意哪些问题？这是初学者很关心的事情。

首先，阅读《文史通义》时要结合章学诚本人的学术立场来思考。

在《文德》篇中，章学诚深刻继承并系统发展了中国传统学术"知人论世"的研究范式，提出了其评论文史时所秉持的原则与态度——"论古必恕"。他认为："不知古人之世，不可妄论古人文辞也。知其世矣，不知古人之身处，亦不可以遽论其文也。……论古必先设身，以是为文德之恕而已尔。"又说："学者能读前人之书，不能设身处境，而论前人之得失，则其说未易得当也。"①章氏在品评文史时"能为古人设身而处地"，今天我们阅读《文史通义》时，也应当结合章学诚所处时代的学术背景及其本人的学术取向与立场，才能真正读懂、读通，才能切实地把握章学诚的学术思想。

比如，《古文十弊》是章学诚在文学评论方面的代表作之一，文中提出古文有"剜肉为疮""八面求圆""削趾适屦""私署头衔""不达时势""同里铭旌""画蛇添足""优伶演剧""井底天文""误学邯郸"十大弊端，主张文章创作应当注重内容，反对机械复古和形式主义的倾向。这些看法的确有值得借鉴的地方，但如若我们将此"十弊"视为亘古不易的文学评判标准，那就矫枉过正了。想要真正理解章氏所谓的"古文十弊"，就必须联系文章创作的学术背景以及章氏本人的学术立场和倾向。章学诚生活的乾嘉时代，正值清代文坛上最大的散文流派——桐城派的鼎盛时期。桐城派的文章效法唐宋古文传统，在内容方面，讲究言必有物，却充斥着浓厚的封建道统思想；在形式方面，标榜"法式"，却落入形式主义的窠臼。章学诚是浙东史学的殿军，主张为文应"经世致用"，反对空

---

① 章学诚《刘忠介公年谱序》，《章氏遗书》第16册，文物出版社，1982年，第34页。

言著述，因此对桐城派这种空疏浮华、脱离实际的文风极为不满，于是他站在史学家的立场，以史学为中心，评断桐城派古文创作中存在"十弊"。所以，对于《古文十弊》一文，我们只能说它切中"时弊"，不可欣欣然以之为衡量一切古文的金科玉律。

其次，阅读《文史通义》要注意把握章学诚独树一帜的文史理论观点。

由于清政府施行刚柔相济的文化专制主义政策，乾嘉时期的学术界一改清初顾炎武等开创的"经世致用"的学术路线，绝大多数专事先秦经史文献的训诂考据，考据学也就成为乾嘉时期学术的主流。然而，章氏治学却不为时潮裹挟，他明确提出："世之所重，而非吾意所期与，虽大如泰山，不遑顾也；世之所忽，而苟为吾意之所期与，虽细如秋毫，不敢略也。"（《与朱沧湄中翰论学书》）因此，身处考据学风靡的学术环境之中，章学诚依然坚守自己的学术观念与立场，选择成为一个"叛逆者"。他不赞同乾嘉之学"为考据而考据，博古却不通今"的做法，而是重拾被乾嘉主流学术所抛弃的"经世致用"思想，强调"所贵君子之学术，为能持世而救偏"（《原学下》），提倡"君子苟有志于学，则必求当代典章以切于人伦日用，必求官司掌故而通于经术精微，则学为实事而文非空言，所谓有体必有用也"（《史释》）。他主张义理、考据、辞章三者不可偏废，独树一帜地提出"六经皆史""六经皆器""六经皆先王之政典"的命题，并进行系统的论述，将其发展为系统的理论学说。在封建社会，"六经"地位崇高，而章氏的理念则是把"六经"拉下了圣坛，他将"六经"当作史料，扩大了史料范围，使史学摆脱了经学的束缚，大大提高了史学的地位，为清代后期及民国时期的学术研究开辟出了一条新路，具有划时代的意义。

此外，在一些具体的文史理论议题上，章氏亦常发人所未发。他一改唐宋以来史家偏重史法、史学而忽视史义（又作"史意"）的做法，在《史德》篇中分辨史学三要素——义、事、文的关系与重要性，指出"史所贵者义也，而所具者事也，所凭者文也"，强调应当以"尽其天而不益以人"的"史德"，去客观地记述"史事"，去阐发随时代变通的、具有创新精神的、别识心裁的"史义"，只有具备"史义"的"史"，才有"经世"之用。也正是基于这样的观点，章氏对前人依据《汉书·艺文志》中"左史记言，右史记事，事为《春秋》，言为《尚书》"之说而形成的固有观念提出质疑，认为"古人事见于言，言以为事，未尝分事言为二物也"，"后儒不察，而以《尚书》分属记言，《春秋》分属记事，则失之甚也"。于是，他创造性地将历代"史文"写作分为"撰述"和"记注"两大类，指出二者在性质、任务、功用上有着本质的区别："三代以上，记注有成法而撰述无定名；三代以下，撰述有定名而记注无成法"，"撰述欲其圆而神，记注欲其方以智"，"记注欲往事之不忘，撰著欲来者之兴起"。"记注"即史料汇编，需要编者具备丰富的历史文献知识（即"智"），以一定规制的体例（即"方"）加以编纂，尽可能全面地储备历史资料，其目的是使后人不忘往事；"撰述"则是历史著作，需要著者在掌握丰富的历史知识之外，还要在思想上具备远见卓识与独断精神（即"神"），可以灵活运用各种体例（即"圆"）对史料进行"创造性"的转化，成一家之言，"经世""知来"以嘉惠后人。尽管章学诚说"两家本自相因而不相妨害"（《报黄大俞先生》），但是很显然他认为相较于"记注"，"撰述"更为重要，是真正的史学。

最后，阅读《文史通义》要关注章学诚着眼学术整体、探讨学术流变的研究导向。

钱穆先生曾评价章学诚，指出："章实斋讲历史有一更大不可及之处，他不站在史学立场来讲史学，而是站在整个学术史立场来讲史学，这是我们应该特别注意的，也等于章实斋讲文学，他也并不是站在文学立场来讲文学，而是站在一个更大的学术立场来讲文学。这是章实斋之眼光卓特处。"①正如钱穆先生所言，章氏在《文史通义》诸篇中品评文史，总是着眼于学术整体、探讨学术流变，比如《诗教》篇中，章学诚从学术

---

① 钱穆《从黄全两学案讲到章实斋〈文史通义〉》，《中国史学名著》，生活·读书·新知三联书店，2009年，第253页。

发展史的整体视角，探讨了文学文体的渊源与流变，他提出"至战国而著述之事专，至战国而后世之文体备"，认为在"周衰文弊，六艺道息"之后"奇邪错出而裂于道"的战国诸子之文"其源皆出于六艺"，又"多出于《诗》教"，且"子史衰而文集之体盛，著作衰而辞章之学兴"，后世赋、论等文体"皆备于战国"，因此，只有"知文体备于战国，而始可与论后世之文；知诸家本于六艺，而后可与论战国之文；知战国多出于《诗》教，而后可与论六艺之文"。在《书教》篇中，章学诚以鲜明的历史发展视角，考察了史体从《尚书》到编年体、由编年体到纪传体再到纪事本末、由通史到断代史的演变情况，总结并展现了中国史体演变的主要趋势。

　　总的来讲，本书编录诸篇汇集了章学诚在文史理论研究方面的精华，对普通的读者来说，文章虽然有些艰深，但借助章锡琛先生的精审注释，去耐心阅读与体悟，相信大家一定会有所收获。

原书绪言

　　章先生学诚，字实斋，清浙江会稽人。生于乾隆三年（1738年）戊午，中乾隆四十二年（1777年）顺天乡试举人，次年成进士，于嘉庆六年（1801年）辛酉逝世，年六十四岁。先生幼年资质鲁钝，但在十五六岁时，就有志于史学，不肯作应举文字。后来专攻文史，自称对于史学义理、校雠心法，都有独得之见。他的思想，大概具在《文史通义》《校雠通义》中。当他生存时，每撰成一文，往往把文稿录寄友人，互相传写。到临终的时候，曾把全稿托萧山王宗炎编次。道光十二年（1832年）壬辰，他的次子华绂，刻于大梁，但只有《文史通义》内篇五卷、外篇三卷，《校雠通义》三卷，还不到全书三分之一。后来谭廷献又刻于杭州，广州伍崇曜也有同样的刻本。光绪四年（1878年）戊寅，他的曾孙季真，又重刻于贵州，但编次都照大梁本。到了最近，浙江图书馆得钞本《章氏遗书》，用新法排印，比旧本增加不少。但最完善之本，却要算民国十一年（1922年）壬戌吴兴刘承干所刻的《章氏遗书》。这书共有五十卷，内《文史通义》内篇六卷、外篇三卷，《校雠通义》内篇三卷、外篇一卷，《方志略例》二卷，文集八卷，《湖北通志检存稿》四卷，外集二卷，《湖北通志未成稿》一卷，以上凡三十卷，目录大略照王宗炎编次；此外还有外编十八卷，即《信摭》《乙卯札记》《丙辰札记》《知非日札》《阅书随札》，各一卷，《永清县志》十卷，《和州志》三卷；再加补遗及附录各一卷。本书便是从吴兴本节抄而来，篇数虽然很少，但实斋先生的思想，也大略可以从这里面窥见一斑了。

先生虽然是前清的一个进士，但生平却没有做过官。不过曾任肥县清漳书院、永平敬胜书院、保定莲池书院、归德文正书院等书院的院长，以及做过纂修《和州志》《永清县志》《亳州志》《湖北通志》《常德府志》《荆州府志》等志书的事业，就靠这些过他的一生。他的著作，除现在所传的《遗书》外，曾襄助毕沅修《续通鉴》，并《史籍考》；但《史籍考》现在失传，不知究竟有否成书。又生平常想重撰《宋史》，但终于没有着手。至于他所修的各种志书，除现在被收入《遗书》的外，也大都不见了。

清代的学术，以考据为最盛，在实斋先生的那时，正是汉学风靡一世的时代。在他以前，如顾炎武、阎若璩、毛奇龄，与他同时，如戴震、钱大昕、惠栋、王念孙、段玉裁等，都尽力研究声韵、训诂、名物、度数，对于经学上有重大的贡献。但实斋先生却自己以为性质不和这种学问相近，独自致力于文史。他在《浙东学术》篇上，很推崇黄宗羲指出浙东与浙西的不同，是浙东贵专家，浙西尚博雅，又说浙东之学，言性命者必究于史。可见他显然以浙东派自居，有与那尚博雅的浙西考据家对峙之意了。

　　要说明实斋先生的思想，当然不是几句话所能做得到。但大略的说，他的思想，是以"道始三人居室论"和"六经皆史论"为中心。中国从前的学问，往往分为考据、义理、辞章三派。三派之中，考据和义理位置较高；至于辞章之学，虽然也肩著文以明道的大招牌，却往往为其他二派所轻视。义理之学，倡于南宋的程朱，到明代王守仁氏，宗仰陆九渊，与程朱别为一派，于是有朱陆之争。这种争执，到清初还颇剧烈。但自从考据家一起，理学家的势焰便不免衰歇。实斋先生的意见，以为这两种学问，实在都很有用处，都足以为明道之资。不过他们的弊害，就在考据家往往舍今而求古，义理家往往舍人事而言性天。这原因就在乎他们虽然都想藉以明道，却不明白道之所以为道。在他的意思，道是形于三人居室，著于政教典章，人伦日用，而极于修齐治平。所以第一，道是因时制宜的，不能泥古而昧今；第二，道是切合人事的，更不该空口说空话。这便是他所以异于考据家和理学家的地方。至于辞章之学，在他看来，其足为明道之资，也正和考据、义理二者不分轩轾，不过不应该但溺文辞，以及欲藉空言以明道罢了。

　　六经皆史论，也从他的那种道体观出发。因为他以为道就在于政教典章、人伦日用，不能用空话来说，所以觉得《易》《诗》《书》《礼》《乐》《春秋》这些书，都不过是三代盛时各守专官的掌故，没有一端不关系于当代的典章政教，没有一端不切于人伦日用，决不是圣人想为了垂教立言而故意作出来的。他用《易》掌于春官太卜，《书》在外史，《诗》领太师，《礼》自宗伯，《乐》有司成，《春秋》各有国史，来证明六经的官守，因以说明孔子的所以述六经，无非想表章先王的政教及官司典守，以示后人，所以后世儒者，死守六经，当做一种载道的书，而把天下事物、人伦日用丢开不管，却是大误的。

　　实斋先生的这种见解，是否错误，现在且不必说。但对于历来儒者支离破碎空疏无用的弊病，不能不说是最好的针砭。

　　但我们要明白实斋先生的所以有这种议论，完全是想矫正当时的风气。所以我们要知道他的思想，不可不先知道他所处的时代。这便是古人所谓"知人论世"的方法。他所处的时代是怎么样呢？我们可以引他《答沈枫墀论学》中的话来说明：

　　　　前明制义盛行，学问文章，远不古若，此风气之衰也。国初崇尚实学，特举词科，史馆需人，待以不次，通儒硕彦，磊落相望，可谓一时盛矣。其后史事告成，馆阁无事。自雍正初年至乾隆十许年，学士又以四书文义相为矜尚。……今天子右文稽古，三通四库诸馆，以次而开。词臣多由编篡超迁；而寒士挟策依人，亦以精于校雠，辄得优馆，甚且资以进身。其真能者，固若力农之逢年矣。而风气所开，进取之士，耻言举业。熊刘变调，亦讽《说文》《玉篇》，王宋别裁，皆考镕金篆石。风气所趋，何所不至哉？吴兴刘氏本《章氏遗书》卷九第三十六页。

他认为学问的要务，第一在乎矫正风气。他说：

陶朱公曰："人弃我取，人取我与。"学业将以经世，当视世所忽者而施挽救焉，亦轻重相权之义也。同上卷九第三十七页。

又在《天喻》篇说：

故学业者，所以辟风气也。风气未开，学业有以开之；风气既弊，学业有以挽之。同上卷六第十一页。

这便是他在考据学盛行时代努力攻究文史，提倡学者应该注重文章事功的原因。此外，他的意见，还有可以使人信服的，便是他以为学问贵在自立，不必依傍别人的门户；应该认识自己的性质所近，专攻一门，不必贪多务博，以及趋逐时尚。他在《与朱沧湄中翰论学书》上说：

惟夫豪杰之士，自得师于古人，取其意之所诚然而中实有所不得已者，力求其至，所谓"君子求诸己"也。世之所重而非吾意所期与，虽大如泰山不遑顾也。世之所忽而苟为吾意之所期与，虽细如秋毫不敢略也。趋向专，故成功也易；毁誉淡，故自得也深。即其天质之良，而悬古人之近己者以为准，勿忘勿助，久之自有会心焉，所谓途辙不同而同期于道也。同上卷九第三十一页

又在《通说为邱君题南乐官舍》说：

凡人之性，必有所近，必有所偏。偏则不可以言通。古来人官物曲，守一而不可移者，皆是选也。薄其执一而舍其性之所近，徒泛骛以求通，则终无所得矣。惟即性之所近而用力之能勉者，因以推微而知著，会偏而得全，斯古人所以求通之方也。同上卷八第四十六页。

这所谓"即性之所近而用力之能勉""取其意之所诚然而中实有所不得已者力求其至"，实在可说是为学的最好方法。实斋先生的所以专攻史学，也因为审察自己的性情与史最为相近的缘故。他在《家书二》上说：

至论学问文章，与一时通人全不相合。盖时人以补

苴襞绩见长，考订名物为务，小学音画为名。吾于数者皆非所长，而甚知爱重，咨于善者而取法之，不强其所不能，必欲自为著述以趋时尚，此吾善自度也。同上卷九第六十八页。

近来的人颇多赞扬实斋先生的史学，但对于他所说的史学究竟是什么，似乎没有十分明白。他在《上朱大司马论文》上，曾辨明史学与非史学的区别说：

世士以博稽言史，则史考也；以文笔言史，则史选也；以故实言史，则史纂也；以议论言史，则史评也；以体裁言史，则史例也。唐宋至今，积学之士，不过史纂、史考、史例；能文之士，不过史选、史评；古人所为史学，则未之闻矣。《章氏遗书补编》第三十三页。

又在《家书二》辨明自己与刘知幾的不同说：

吾于史学，盖有天授。自信发凡起例，多为后世开山，而人乃拟吾于刘知幾。不知刘言史法，吾言史意；刘议馆局纂修，吾议一家著述，截然两途，不相入也。《章氏遗书》卷九第六十八页。

又在《家书三》说：

　　吾于史学，贵其著述成家，不取方圆求备，有同类纂。同上卷九第六十九页。

这可见他所说的史学，是另有一种极精微的学问；近人专以史例推崇实斋先生，可谓不能深知实斋先生的了。但他所谓史学究竟是什么呢？他曾在《答客问上》说：

　　史之大原，本乎《春秋》；《春秋》之义，昭乎笔削。笔削之义，不仅事具始末、文成规矩已也。以夫子义则窃取之旨观之，固将纲纪天人，推明大道，所以通古今之变而成一家之言者，必有详人之所略，异人之所同，重人之所轻，而忽人之所谨，绳墨之所不可得而拘，类例之所不可得而泥，而后微茫秒忽之际有以独断于一心，及其书之成也，自然可以参天地而质鬼神，契前修而俟后圣，此家学之所以可贵也。同上卷四第四十三页。

　　实斋先生的论史，不拘拘于类例；他的论文，也不拘拘于格式。他曾在《与邵二云书》中说：

　　仆持文律，不外清真二字。清则气不杂也，真则理无支也。此二语知之甚易，能之甚难。同上卷九第十九页。

又在《文格举隅序》中说：

> 古人文无定格，意之所至而文以至焉，盖有所以为文者也。文而有格，学者不知所以为文而竞趋于格，于是以格为当然之具，而真文丧矣。同上卷二十九第六页。

又在《赵立斋时文题式引言》中说：

> 余惟古人文成法立，如语言之有起止，啼笑之有收纵，自然之理，岂有一定式哉？文而有式，则面目雷同，性灵锢蔽，而古人立言之旨晦矣。同上卷二十九第八页。

又在《丙辰札记》中说：

> 韩昌黎之论文，则曰"文无难易，惟其是耳"；余亦谓文无今古，惟其是耳。杜工部之论文，则曰"不薄今人爱古人"；余亦谓不弃春华爱秋实。私自许谓起韩杜二公于九原，固知不余疵也。《章氏遗书》外编卷三第十九至二十页。

实斋先生的文章，在古文家看来，当然不能说他很好，他自己也曾说过："惟好持论，贵识大体，不欲求工于文字语言，以为末务。"（《题壬癸尺牍》）但他的论文律，以及对于一般文家的批评，却是十分允当的。

本书中所收，如《书教》《诗教》《原道》《原学》《博约》《浙东学术》诸篇，可以看出他对于道德学术的见解；《文德》《文理》《质性》《黠陋》《俗嫌》《古文公式》《古文十弊》诸篇，可以看出他对于文章的见解；《史德》《史释》《史篇》《别录例议》《方志立三书议》诸篇，可以看出他对于史学的见解。此外佳篇不能收入的当然很多，读者如果想明白实斋先生学问思想的全体，便该去读《章氏遗书》的全部才是。

关于实斋先生的详细的研究，胡适之先生曾著有《章实斋先生年谱》；又《史地学报》第一卷第三至四期，张其昀先生著有《读〈史通〉与〈文史通义〉〈校雠通义〉》一文；《民铎杂志》第六卷第二号，何炳松先生著有《章学诚史学管窥》一文，对于他的史学有较详的批评，都可供读本书者参考。

书教上

　　《周官》外史①掌三皇②五帝③之书，今存虞、夏、商、周之策而已。五帝仅有二④，而三皇无闻焉。左氏⑤所谓《三坟》《五典》⑥，今不可知，未知即是其书否也。以三王之《誓》《诰》《贡》

---

① 外史，古代官名，隶属春官宗伯。
② 三皇，所指主要有六说：（一）天皇、地皇、人皇。（二）天皇、地皇、泰皇。（三）伏羲、神农、女娲。（四）伏羲、神农、祝融。（五）燧人、伏羲、神农。（六）伏羲、神农、黄帝。
③ 五帝，所指主要有三说：（一）太昊、神农、黄帝、少昊、颛顼。（二）黄帝、颛顼、帝喾、尧、舜。（三）少昊、颛顼、帝喾、尧、舜。
④ 《尚书》中仅有《尧典》《舜典》。
⑤ 左氏，即左丘明，相传其述孔子之志，作《春秋左传》，又作《国语》。
⑥ 《三坟》《五典》，传说中的古籍，最早见于《左传·昭公十二年》的记载中。孔安国《书传序》以为伏羲、神农、黄帝之书为《三坟》，少昊、颛顼、帝喾、尧、舜之书为《五典》。但后人多以孔传为伪书。

《范》①诸篇，推测三皇诸帝之义例，则上古简质，结绳②未远，文字肇兴，书取足以达微隐、通形名而已矣。因事命篇，本无成法，不得如后史之方圆求备，拘于一定之名义者也。夫子叙而述之，取其疏通知远，足以垂教矣。世儒不达，以谓史家之初祖，实在《尚书》，因取后代一成之史法纷纷拟书者，皆妄也。

三代以上之为史，与三代以下之为史，其同异之故可知也。三代以上，记注有成法而撰述无定名；三代以下，撰述有定名而记注无成法。夫记注无成法，则取材也难；撰述有定名，则成书也易。成书易，则文胜质矣；取材难，则伪乱真矣。伪乱真而文胜质，史学不亡而亡矣。良史之才，间世一出，补偏救弊，愈且不支。非后人学识不如前人，《周官》之法亡而《尚书》之教绝，其势不得不然也。

---

① 《誓》《诰》《贡》《范》，即《甘誓》《汤誓》《泰誓》《牧誓》《费誓》《秦誓》《仲虺之诰》《汤诰》《大诰》《康诰》《酒诰》《召诰》《洛诰》《康王之诰》《禹贡》《洪范》。
② 结绳，文字产生前的一种记事方法。《易·系辞下》："上古结绳而治，后世圣人易之以书契。"

《周官》三百六十，具天下之纤析矣。然法具于官而官守其书，观于六卿①联事之义，而知古人之于典籍，不惮繁复周悉，以为记注之备也。即如六典②之文，繁委如是，太宰掌之，小宰副之，司会、司书、太史又为各掌其贰③，则六典之文，盖五倍其副贰而存之于掌故焉。其他篇籍，亦当称是。是则一官失其守，一典出于水火之不虞，他司皆得藉征于副策，斯非记注之成法详于后世欤？汉至元、成④之间，典籍可谓备矣。然刘氏《七略》⑤，虽溯六典之流别，亦已不能具其官。而律令藏于法曹，章程存于故府，朝仪守于太常者，不闻石渠、

---

① 六卿，周代的六官，即：大宰、大司徒、大宗伯、大司马、大司寇、大司空。
② 六典，六方面的治国之法，即：治典、教典、礼典、政典、刑典、事典。
③ 贰，副本。
④ 元、成，指汉元帝（公元前48—公元前33年在位）、汉成帝（公元前33年—公元前7年在位）。
⑤ 汉哀帝时，刘向之子刘歆，总群书而奏其《七略》。七略包括：辑略、六艺略、诸子略、诗赋略、兵书略、术数略、方技略。校订者按：《七略》是我国最早的图书目录分类著作，在我国目录学史上有重要影响。

天禄①别储副贰，以备校司之讨论，可谓无成法矣。汉治最为近古，而荒略如此，又何怪乎后世之文章典故，杂乱而无序也哉？

孟子曰："王者之迹息而《诗》亡，《诗》亡然后《春秋》作。"盖言王化之不行也，推原《春秋》之用也。不知《周官》之法废而《书》亡，《书》亡而后《春秋》作，则言王章之不立也，可识《春秋》之体也。何谓《周官》之法废而《书》亡哉？盖官礼②制密而后记注有成法，记注有成法而后撰述可以无定名，以谓纤悉委备，有司具有成书，而吾特举其重且大者笔而著之，以示帝王经世之大略，而《典》《谟》《训》《诰》《贡》《范》《官》《刑》③之属，详略去取，惟意所命，不必著为一定之例焉，斯《尚书》之所以经世也。至官礼废而注记不足备其全，《春秋》比事以属辞④，而

---

① 石渠、天禄，皆阁名，汉代藏书之所。
② 官礼，这里指《周礼》。
③ 《官》，《周官》；《刑》，《吕刑》。皆《尚书》篇名。
④ 《礼·经解》："属辞比事，《春秋》教也。"孔颖达注："比，近也。《春秋》……比次褒贬之事，是比事也。"

左氏不能不取百司之掌故，与夫百国之宝书，以备其事之始末，其势有然也。马、班①以下，演左氏而益畅其支焉，所谓记注无成法而撰述不能不有定名也。故曰：王者迹息而《诗》亡，见《春秋》之用；《周官》法废而《书》亡，见《春秋》之体也。

《记》曰：左史记言，右史记动。②其职不见于《周官》，其书不传于后世，殆礼家之衍文欤？后儒不察，而以《尚书》分属记言，《春秋》分属记事③，则失之甚也。夫《春秋》不能舍传而空存其事目，则左氏所记之言不啻千万矣。《尚书》典、谟之篇，记事而言亦具焉，训、诰之篇，记言而事亦见焉。古人事见于言，言以为事，未尝分事言为二

① 马、班，指司马迁《史记》、班固《汉书》。司马迁，字子长，西汉人，继其父司马谈为太史令，缀集金匮石室之书，作《史记》，记事上起黄帝，下止汉武帝获白麟，是我国第一部纪传体通史。班固，字孟坚，东汉人，继其父班彪作《汉书》，与《史记》并称良史。后世史家称两书为马、班。

② 此句章氏引用有误，《礼·玉藻》本作："动则左史书之，言则右史书之。"

③ 《汉书·艺文志》："左史记言，右史记事，事为《春秋》，言为《尚书》。"

物也。刘知几^①以二典、贡、范诸篇之错出，转讥
《尚书》义例之不纯，毋乃因后世之空言而疑古人
之实事乎？《记》曰："疏通知远，《书》教也。"^②
岂曰记言之谓哉？

六艺^③并立，《乐》亡而入于《诗》《礼》，《书》
亡而入于《春秋》，皆天时人事不知其然而然也。
《春秋》之事，则齐桓、晋文，而宰孔之命齐侯^④，
王子虎之命晋侯^⑤，皆训诰之文也；而左氏附传以
翼经，夫子不与《文侯之命》^⑥同著于编，则《书》
入《春秋》之明证也。马迁绍法《春秋》，而删润
《典》《谟》以入纪传；班固承迁有作，而《禹贡》取
冠地理，《洪范》特志五行^⑦，而《书》与《春秋》，

---

① 刘知几，唐朝人，字子玄。兼任史官将近三十年，自负史才，著
《史通》内外四十九篇。
② 语见《礼·经解》。
③ 六艺，又称"六经"，指诗、书、易、礼、乐、春秋。
④ 《左传·僖公九年》：齐桓公与各国诸侯在葵丘会盟，周天子派遣宰
孔赐祭肉给齐桓公。
⑤ 《左传·僖公二十八年》：晋文公败楚师于城濮，献俘于王，王命尹
氏及王子虎、内史叔兴父策命晋侯为侯伯。
⑥ 《文侯之命》，《尚书》篇名。周平王赐晋文侯秬鬯、圭瓒，作《文
侯之命》。
⑦ 《汉书·地理志》首段，全录《书·禹贡》；《五行志》首段，亦录
《书·洪范》。

不得不合为一矣。后儒不察，又谓纪传法《尚书》，
而编年法《春秋》，是与左言右事之强分流别又何
以异哉？

书教中

　　《书》无定体，故易失其传；亦惟《书》无定体，故托之者众。周末文胜，官礼失其职守，而百家之学，多争托于三皇五帝之书矣。艺植托于神农①，兵法医经托于黄帝②，好事之徒，传为《三坟》之逸书，而《五典》之别传矣。不知书固出于依托，旨亦不尽无所师承。官礼政举而人存，世氏师传之掌故耳。惟三、五之留遗，多存于《周官》之职守，则外史所掌之书，必其籍之别具，亦如六典

---

① 《汉书·艺文志》农家有《神农》二十篇，班固以为："六国时诸子疾时怠于农业，道耕农事托之神农。"刘向疑为李悝、商鞅所撰。

② 《汉书·艺文志》兵家有《黄帝》十六篇、图三卷；医家有《黄帝内经》十八卷、《外经》三十七卷，今以《素问》及《灵枢》通称《内经》，假托为黄帝与岐伯问答的话。

各存其副之制也。左氏之所谓《三坟》《五典》，或其概而名之，或又别为一说，未可知也，必欲确指如何为三皇之坟，如何为五帝之典，则凿矣。

《逸周书》①七十一篇，多官礼之别记与《春秋》之外篇，殆治《尚书》者，杂取以备经书之旁证耳。刘班以谓孔子所论百篇之余，则似逸篇初与《典》《谟》《训》《诰》同为一书，而孔子为之删彼存此耳。毋论其书文气不类，醇驳互见，即如《职方》②《时训》③诸解，明用经记之文；《太子晋解》④，明取《春秋》时事，其为外篇别记，不待繁言而决矣。而其中实有典言宝训，识为先王誓诰之遗者，亦未必非百篇之逸旨，而不可遽为删略之余也。夫子曰："信而好古"，先王典诰，衰周犹有存者而夫

---

① 《逸周书》，旧题《汲冢周书》，晋太康二年汲郡人得于魏安釐王墓中。然考汉、魏人著书，多引此书，则汉时已有此书，非出于汲冢。此书共七十篇，《序》一篇。校订者按：《逸周书》今存五十九篇，乃汉以来传世本《周书》与汲冢发现的《周书》去重合编而成。

② 《职方解》为《逸周书》第六十二篇，内容与《周官·夏官·职方氏》基本相同。

③ 《时训解》为《逸周书》第五十二篇，内容与《礼·月令》相似。

④ 《太子晋解》为《逸周书》第六十四篇，记载晋大夫师旷与周太子晋之间的对话。

子删之，岂得为好古哉？惟《书》无定体，故《春秋》官礼之别记，外篇皆得从而附合之，亦可明《书》教之流别矣。

《书》无定体，故附之者杂；后人妄拟《书》以定体，故守之也拘。古人无空言，安有记言之专书哉！汉儒误信《玉藻》记文，而以《尚书》为记言之专书焉，于是后人削趾以适屦，转取事文之合者，削其事而辑录其文，以为《尚书》之续焉。若孔氏[①]《汉魏尚书》、王氏[②]《续书》之类皆是也。无其实而但貌古人之形似，譬如画饼饵之不可以充饥。况《尚书》本不止于记言，则孔衍、王通之所拟，并古人之形似而不得矣。刘知几尝患史策记事之中忽间长篇文笔，欲取君上诏诰、臣工奏章，别为一类，编次纪传史中，略如书志之各为篇目，是刘亦知《尚书》折而入《春秋》矣。然事言必分为二，则有事言相贯，质与文宣之际，如别自为篇，则不便省览，如仍然合载，则为例不纯，是以刘氏

---

① 孔氏，即孔衍，西晋人，字舒元，孔子二十二世孙，作《汉魏尚书》。
② 王氏，即王通，隋朝人，字仲淹，卒后门人谥为文中子，仿《尚书》作《续书》。

虽有是说，后人讫莫之行也。至如论事章疏，本同口奏，辨难书牍，不异面论，次于纪传之中，事言无所分析，后史恪遵成法可也。乃若扬、马①之辞赋，原非政言；严、徐②之上书，亦同献颂；邹阳、枚乘③之纵横，杜钦、谷永④之附会，本无关于典要。马、班取表国华，削之则文采灭如，存之则纪传猥滥，斯亦无怪刘君之欲议更张也。

　　杜氏⑤《通典》，为卷二百，而《礼典》乃八门之一，已占百卷。盖其书本官礼之遗，宜其于礼事

---

① 扬，扬雄，字子云，西汉人，成帝时献《甘泉》《河东》《长杨》等赋。后仕于王莽。著有《太玄》《法言》《方言》等书。马，司马相如，字长卿，西汉人。武帝时召为郎，后升任孝文园令。长于辞赋，作品为汉魏六朝文人赋体的模仿对象。

② 严，严安，西汉人。武帝时以故丞相史身份上书，奏陈出击匈奴是人臣想从战争中获利，并不是治理天下的长久计策。徐，徐乐，西汉人，武帝时与主父偃、严安同时上书，拜为郎中。

③ 邹阳、枚乘，均为西汉文学家。景帝时，二人同仕吴王刘濞，曾分别上书劝说吴王不要叛乱，却未被采纳。

④ 杜钦，字子夏，西汉人。成帝时为武库令。成帝好色，杜钦因此建议大将军王凤建九女之制。谷永，字子云，西汉人，成帝时为光禄大夫，善言灾异，屡次上书言事。

⑤ 杜氏，即杜佑，唐朝人，字君卿，增补刘秩（刘知几第四子）《政典》，为《通典》二百卷。其后郑樵作《通志》，马端临作《文献通考》，都以杜佑《通典》为蓝本。

加详也。然叙典章制度，不异诸史之文，而礼文疑似，或事变参差，博士经生，折中详议，或取裁而径行，或中格而未用。入于正文，则繁复难胜；削而去之，则事理未备。杜氏并为采辑其文，附著礼门之后，凡二十余卷，可谓穷天地之际而通古今之变者矣。史迁[①]之书，盖于《秦纪》之后，存录秦史原文[②]，惜其义例未广，后人亦不复踵行。斯并记言记事之穷，别有变通之法，后之君子，所宜参取者也。

滥觞流为江河，事始简而终钜也。东京[③]以还，文胜篇富，史臣不能概见于纪传，则汇次为文苑[④]之篇。文人行业无多，但著官阶贯系，略如《文选》[⑤]人名之注，试榜履历之书，本为丽藻篇名，转觉风华消索，则知一代文章之盛，史文不可得而尽

---

① 史迁，即司马迁。

② 《史记·秦始皇本纪》末，另有一段序列秦襄公以下秦国先君册立年份及葬处，与正史稍有不同，而根据的是秦史原文。

③ 东京，这里指代东汉。汉高祖刘邦定都长安，东汉光武帝刘秀定都洛阳，因此人称长安为西京，洛阳为东京。

④ 文苑，指《文苑传》。《后汉书》始创《文苑传》，给文人立传，后代史书递相沿袭。

⑤ 《文选》，南朝梁昭明太子萧统编，选录先秦至南朝梁的各体诗文，共六十卷。

也。萧统《文选》以还，为之者众，今之尤表表者，姚氏①之《唐文粹》，吕氏②之《宋文鉴》，苏氏③之《元文类》，并欲包括全代，与史相辅。此则转有似乎言事分书，其实诸选乃是春华，正史其秋实尔。史与《文选》各有言与事，故仅可分华与实，不可分言与事。

四部既分，集林大畅。文人当诰，则内制外制之集自为编矣。④宰相论思，言官白简⑤，卿曹各言职事，阃外料敌善谋，陆贽⑥奏议之篇，苏轼⑦进呈之策，又各著于集矣。萃合则有名臣经济，策府议林，连编累牍，可胜数乎？大抵前人著录，不外别集总集二条，盖以一人文字观也。其实应隶史部，追源当系《尚书》。但训诰乃《尚书》之一端，不

---

① 姚氏，即姚铉，北宋人，编《唐文粹》一百卷。

② 吕氏，即吕祖谦，南宋人，编《宋文鉴》一百五十卷。

③ 苏氏，即苏天爵，元朝人，编《元文类》七十卷。

④ 唐宋时，不经外朝而由翰林学士领衔起草皇帝诰命称为"内制"；由中书舍人领衔起草皇帝诰命称为"外制"。后世君主诏敕皆由学士代拟，这些文章多编入草拟者的个人文集中。

⑤ 白简，古时弹劾官员的奏章。

⑥ 陆贽，唐朝人，德宗时为翰林学士，制诰皆出其手。所作奏议尤为后世所宗。

⑦ 苏轼，北宋人，字子瞻，世称东坡先生。

得如汉人之直以记言之史目《尚书》耳。

名臣章奏，隶于《尚书》，以拟训诰，人所易知。撰辑章奏之人，宜知训诰之记言，必叙其事以备所言之本末。故《尚书》无一空言，有言必措诸事也。后之辑章奏者，但取议论晓畅，情辞慨切，以为章奏之佳也；不备其事之始末，虽有佳章，将何所用？文人尚华之习见，不可语于经史也。班氏董、贾二传①，则以《春秋》之学为《尚书》也。即《尚书》折入《春秋》之证也。其叙贾、董生平行事，无意求详，前后寂寥数言，不过为政事诸疏、天人三策②备始末尔。贾、董未必无事可叙，班氏重在疏策，不妨略去一切，但录其言，前后略缀数语，备本末耳，不似后人作传，必尽生平，斤斤求备。噫！观史裁者必知此意，而始可与言《尚书》《春秋》之学各有其至当，不似后世类钞征事，但知方圆求备而已也。

---

① 董、贾二传，指《汉书》中的《董仲舒传》《贾谊传》。

② 政事诸疏，指《治安策》，是贾谊给汉文帝的上书。天人三策，汉武帝即位后，诏令天下举荐贤良文学之士，董仲舒以三通贤良对策上书汉武帝，三策以"天人感应"说为要旨，故称。《汉书》贾、董二传中，全载《治安策》《天人三策》原文。

书教下

　　《易》曰："蓍之德，圆而神，卦之德，方以智。"[1]间尝窃取其义，以概古今之载籍，撰述欲其圆而神，记注欲其方以智也。夫"智以藏往，神以知来"[2]，记注欲往事之不忘，撰述欲来者之兴起，故记注藏往似智，而撰述知来拟神也。藏往欲其赅备无遗，故体有一定而其德为方；知来欲其决择去取，故例不拘常而其德为圆。《周官》三百六十，天人官曲之故，可谓无不备矣。然诸史皆掌记注，而未尝有撰述之官，祝史命告未尝非选述，然无撰史之人。如《尚书》誓、诰自出史职；至于帝典诸篇，并无应撰

---

① 　语见《易・系辞》。
② 　同上。校订者按：《易・系辞》原文作："神以知来，知以藏往。"

之官。则传世行远之业，不可拘于职司，必待其人而后行，非圣哲神明，深知二帝三王精微之极致，不足以与此。此《尚书》之所以无定法也。

《尚书》《春秋》，皆圣人之典也。《尚书》无定法，而《春秋》有成例，故《书》之支裔，折入《春秋》，而《书》无嗣音。有成例者易循，而无定法者难继，此人之所知也。然圆神方智，自有载籍以还，二者不偏废也，不能究六艺之深耳，未有不得其遗意者也。史氏继《春秋》而有作，莫如马、班，马则近于圆而神，班则近于方以智也。

《尚书》一变而为左氏之《春秋》，《尚书》无成法，而左氏有定例，以纬经也。左氏一变而为史迁之纪传，左氏依年月，而迁书分类例，以搜逸也。迁书一变而为班氏之断代，迁书通变化，而班氏守绳墨，以示包括也。就形貌而言，迁书远异左氏，而班史近同迁书。盖左氏体直，自为编年之祖；而马、班曲备，皆为纪传之祖也。推精微而言，则迁书之去左氏也近，而班史之去迁书也远。盖迁书体圆用神，多得《尚书》之遗，班氏体方用智，多得官礼之意也。

迁书纪、表、书、传，本左氏而略示区分，不
甚拘拘于题目也。《伯夷列传》，乃七十篇之序例，
非专为伯夷传也。[①]《屈贾列传》，所以恶绛、灌[②]之
谗，其叙屈之文，非为屈氏表忠，乃吊贾之赋也[③]。
《仓公》录其医案，《货殖》兼书物产，《龟策》但言
卜筮，亦有因事命篇之意，初不沾沾为一人具始末
也。《张耳陈余》，因此可以见彼耳。[④]《孟子荀卿》，
总括游士著书耳。[⑤]名姓标题，往往不拘义例，仅取
名篇，譬如《关雎》《鹿鸣》，所指乃在嘉宾淑女。[⑥]
而或且讥其位置不伦，如孟子与三邹子。或又摘其重复

---

① 《伯夷列传》，《史记》列传之首。全篇多议论而少事实，所以章学
诚说它不是专门为伯夷作传。

② 绛，绛侯周勃；灌，灌婴。《史记·屈原贾生列传》载："天子议
以为贾生任公卿之位，绛、灌、东阳侯（张相如）、冯敬之属尽
害之。"

③ 汉文帝四年，贾谊被贬为长沙王太傅，他郁郁不得志，在渡过湘水
的时候，作赋来凭吊屈原。

④ 《张耳陈余》，指《史记·张耳陈余列传》。该列传中张耳事迹多记
载在陈余的事迹中。

⑤ 《孟子荀卿》，指《孟子荀卿列传》。该列传中多记述邹忌、驺衍、
淳于髡、慎到、环渊、接子、田骈、驺奭等游士的事迹。

⑥ 《关雎》《鹿鸣》，皆《诗经》篇名。《关雎》旨在论说君子与淑女的
相配，《鹿鸣》叙述君王宴请群臣。

失检。如子贡已在《弟子传》，又见于《货殖》。不知古人著书之旨，而转以后世拘守之成法，反訾古人之变通，亦知迁书体圆而用神，犹有《尚书》之遗者乎？

迁《史》不可为定法，固《书》因迁之体而为一成之义例，遂为后世不祧①之宗焉。三代以下，史才不世出，而谨守绳墨，待其人而后行，势之不得不然也。然而固《书》本撰述而非记注，则于近方近智之中，仍有圆且神者以为之裁制，是以能成家而可以传世行远也。后史失班史之意，而以纪表志传，同于科举之程式，官府之簿书，则于记注撰述，两无所似，而古人著书之宗旨，不可复言矣。史不成家而事文皆晦，而犹拘守成法，以谓其书固祖马而宗班也，而史学之失传也久矣！

历法久则必差，推步后而愈密，前人所以论司天也，而史学亦复类此。《尚书》变而为《春秋》，则因事命篇，不为常例者，得从比事属辞为稍密

---

① 祧，tiāo，祭祀远祖、始祖的宗庙。古代宗庙依贵贱而有定制，对世次疏远、超过定制的祖先，则依制将其神主迁入远祖宗庙，故迁庙也称为祧。

矣,《左》《国》①变而为纪传，则年经事纬，不能旁通者，得从类别区分为益密矣。纪传行之千有余年，学者相承，殆如夏葛冬裘，渴饮饥食，无更易矣。然无别识心裁，可以传世行远之具，而斤斤如守科举之程式，不敢稍变，如治胥吏之簿书，繁不可删。以云方智，则冗复疏舛，难为典据；以云圆神，则芜滥浩瀚，不可诵识。盖族史但知求全于纪表志传之成规，而书为体例所拘，但欲方圆求备，不知纪传原本《春秋》,《春秋》原合《尚书》之初意也。《易》曰："穷则变，变则通，通则久。"②纪传实为三代以后之良法，而演习既久，先王之大经大法，转为末世拘守之纪传所蒙，曷可不思所以变通之道欤？

左氏编年，不能曲分类例。《史》《汉》纪表传志，所以济类例之穷也。族史转为类例所拘，以致书繁而事晦；亦犹训诂注疏所以释经，俗师反溺训诂注疏而晦经旨也。夫经为解晦，当求无解之初；

---

① 《左》《国》，指《左传》《国语》。
② 语见《易·系辞下》。

史为例拘，当求无例之始。例自《春秋》左氏始
也，盖求《尚书》未入《春秋》之初意欤？

　　神奇化臭腐，臭腐复化为神奇。①解《庄》书
者，以谓天地自有变化，人则从而奇腐云耳。事屡
变而复初，文饰穷而反质，天下自然之理也。《尚
书》圆而神，其于史也，可谓天之至矣。非其人
不行，故折入左氏，而又合流于马、班。盖自刘
知几以还，莫不以谓《书》教中绝，史官不得衍
其绪矣。又自《隋·经籍志》著录，以纪传为正
史，编年为古史，历代依之，遂分正附，莫不甲
纪传而乙编年。则马、班之史，以支子而嗣《春
秋》，荀悦②、袁宏③，且以左氏大宗而降为旁庶矣。
司马《通鉴》④病纪传之分，而合之以编年；袁枢

---

①　语见《庄子·知北游》。
②　荀悦，东汉人，字仲豫。献帝时，侍讲禁中。献帝认为班固《汉
　　书》文繁难省，令荀悦按《左传》编年体，撰《汉纪》三十篇。
③　袁宏，东晋人，字彦伯。曾经不满《后汉书》繁杂猥乱，撰集《后
　　汉纪》。
④　《通鉴》，指《资治通鉴》，宋英宗治平二年（公元1065年），司马
　　光奉诏编撰，历经十九年编撰成书，记事上起战国，下终五代，共
　　1362年，全书二百九十四卷。

《纪事本末》①，又病《通鉴》之合而分之以事类。按本末之为体也，因事命篇，不为常格，非深知古今大体，天下经纶，不能网罗隐括②，无遗无滥。文省于纪传，事豁于编年，决断去取，体圆用神，斯真《尚书》之遗也。在袁氏初无其意，且其学亦未足与此，书亦不尽合于所称。故历代著录诸家，次其书于杂史，自属纂录之家，便观览耳。但即其成法，沉思冥索，加以神明变化，则古史之原，隐然可见。书有作者甚浅而观者甚深，此类是也。故曰：神奇化臭腐而臭腐复化为神奇，本一理耳。

夫史为记事之书，事万变而不齐，史文屈曲而适如其事，则必因事命篇，不为常例所拘，而后能起讫自如，无一言之或遗而或溢也。此《尚书》之所以神明变化，不可方物。降而左氏之传，已不免于以文徇例，理势不得不然也。以上古神圣之制

---

① 袁枢，南宋人，字机仲。据《资治通鉴》原文，作《通鉴纪事本末》四十二卷，分类排纂，以一事为一编，各详其起讫。其后明朝陈邦瞻撰《宋史纪事本末》《元史纪事本末》，清朝谷应泰撰《明史纪事本末》、高士奇撰《左传纪事本末》。
② 隐括，即包括之意。校订者按：原注误，隐括指审度、查核。

作,而责于晚近之史官,岂不悬绝欤?不知经不可学而能,意固可师而仿也。且《尚书》固有不可尽学者也。即《纪事本末》,不过纂录小书,亦不尽取以为史法,而特以义有所近,不得以辞害意也。斟酌古今之史,而定文质之中,则师《尚书》之意,而以迁《史》义例通左氏之裁制焉,所以救纪传之极弊,非好为更张也。

纪传虽创于史迁,然亦有所受也。观于《太古年纪》《夏殷春秋》《竹书纪年》[①],则本纪编年之例,自文字以来即有之矣。《尚书》为史文之别具,如用左氏之例而合于编年,即传也。以《尚书》之义,为《春秋》之传,则左氏不致以文徇例,而浮文之刊落者多矣。以《尚书》之义为迁《史》之传,则八书、三十世家不必分类,皆可仿左氏而统名曰传。或考典章制作,或叙人事终始,或究一人之行,即列传本体。或合同类之事,或录一时之言,

---

① 《太古年纪》《夏殷春秋》《竹书纪年》,都是古代编年史,然多为伪书。校订者按:《太古年纪》大约即《汉书·艺文志》中记载的《太古以来年纪》;《夏殷春秋》,刘知几《史通·六家》记载:"《汲冢琐语》记太丁时事,目为《夏殷春秋》。"

训诂之类。或著一代之文，因事命篇，以纬本纪，则较之左氏翼经，可无局于年月后先之累，较之迁《史》之分列，可无歧出互见之烦，文省而事益加明，例简而义益加精，岂非文质之适宜，古今之中道欤？至于人名事类，合于本末之中，难于稽检，则别编为表以经纬之；天象、地形、舆服、仪器，非可本末该之，且亦难以文字著者，别绘为图以表明之。盖通《尚书》《春秋》之本原，而拯马《史》班《书》之流弊，其道莫过于此。至于创立新裁，疏别条目，较古今之述作，定一书之规模，别具《圆通》①之篇，此不具言。

---

① 《圆通》，此文今不传。

诗教上

　　周衰文弊，六艺道息，而诸子争鸣。盖至战国而文章之变尽，至战国而著述之事专，至战国而后世之文体备，故论文于战国，而升降盛衰之故可知也。战国之文，奇邪错出而裂于道，人知之；其源皆出于六艺，人不知也。后世之文，其体皆备于战国，人不知；其源多出于《诗》教，人愈不知也。知文体备于战国，而始可与论后世之文。知诸家本于六艺，而后可与论战国之文。知战国多出于《诗》教，而后可与论六艺之文。可与论六艺之文，而后可与离文而见道。可与离文而见道，而后可与奉道而折诸家之文也。

　　战国之文，其源皆出于六艺，何谓也？曰：道体无所不该，六艺足以尽之。诸子之为书，其持之有故而言之成理者，必有得于道体之一端，而后乃能恣肆其说，以成一家之言也。所谓一端者，无非六艺之所该，故推之而皆得其所本，非谓诸子果能服六艺之教，而出辞必衷于是也。老子①说本阴阳，庄、列②寓言假象，《易》教也。邹衍③侈言天地，关尹④推衍五行，《书》教也。管、商⑤法制，义存政典，《礼》教也。申、韩⑥刑名，旨归赏罚，《春

---

① 老子，姓李，名耳，曾任周王室守藏史。著《老子》五千余言，后世称为《道德经》。

② 庄、列，指庄子、列子。庄子，名周，战国时宋国蒙人。著《庄子》十余万言，后世称为《南华真经》。与老子并为道家之祖。列子，名御寇，战国时郑人。著有《列子》，后世称为《冲虚真经》。

③ 邹衍，即驺衍，战国时齐人。著书十余万言，夸张地谈论天地，《汉书·艺文志》有《邹子》四十九篇、《邹子终始》五十六篇，今不传。齐人称其为"谈天衍"。

④ 关尹，指尹喜，春秋末年为函谷关令。老子西游经过函谷关，将《道德经》传授给尹喜。尹喜著有《关尹子》，《汉书·艺文志》著录该书，后佚，今所传本实为后人伪作。

⑤ 管、商，指管仲、商鞅。管仲，春秋时齐人，名夷吾。辅佐齐桓公成为春秋时期第一个霸主。世传《管子》二十四卷，旧题管仲撰。商鞅，姓公孙，名鞅，战国时卫人，仕秦，封于商，故又称商鞅。《汉书·艺文志》有《商君》二十九篇，《四库书目》称《商子》，为商鞅弟子整理而成。

⑥ 申、韩，指申不害、韩非。申不害，战国时郑人，为韩昭侯相。著《申子》，为法家之祖。韩非，战国时韩国公室贵族，与李斯同出荀子门下，著《韩非子》五十五篇。

秋》教也。其他杨、墨、尹文①之言，苏、张、孙、吴②之术，辨其源委，挹其旨趣，九流之所分部，《七录》之所叙论，皆于物曲人官得其一致，而不自知为六典之遗也。

战国之文，既源于六艺，又谓多出于《诗》教，何谓也？曰：战国者，纵横之世也。纵横之学，本于古者行人之官③。观春秋之辞命，列国大夫聘问诸侯，出使专对，盖欲文其言以达旨而已。至

---

① 杨、墨、尹文，指杨朱、墨翟、尹文子。杨朱，字子居，战国时魏人，他认为："损一毫利天下不与也，悉天下奉一身不取也"，被时人视为"为我"。著述不传，今《列子》中有《杨朱》篇。墨翟，战国时鲁人（一说宋人），曾出任宋国大夫。主张兼爱、尚同等，与杨朱"为我"思想相反。有《墨子》十五卷，为其门人所记。尹文，战国时齐人。著《尹文子》一卷。

② 苏、张、孙、吴，指苏秦、张仪、孙武、吴起。苏秦，字季子，战国时东周洛阳人，师事鬼谷子，游说六国合纵抗秦，并担任六国的国相。张仪，战国时魏人，与苏秦同师从鬼谷子。秦惠王任命其为相国，以连衡之策游说六国，使六国背弃纵约而服从秦国。孙武，春秋时齐人，曾带着自己所著的兵法见吴王阖庐，被吴王重用为将，西破强楚，北威齐晋，助吴王称霸诸侯。著《孙子》十三篇，为兵家所崇尚。吴起，战国时卫人，长于兵法。后世并称孙武、吴起为"孙吴"。

③ 行人，周代官名，掌管聘问、朝觐之事。《周礼》有大行人、小行人，属秋官。

战国而抵掌揣摩，腾说以取富贵，其辞敷张而扬厉，变其本而加恢奇焉，不可谓非行人辞命之极也。孔子曰："诵《诗》三百，授之以政，不达；使于四方，不能专对，虽多奚为。"①是则比兴之旨，讽谕之义，固行人之所肄也。纵横者流，推而衍之，是以能委折而入情，微婉而善讽也。九流之学，承官曲于六典，虽或原于《书》《易》《春秋》，其质多本于《礼》教，为其体之有所该也。及其出而用世，必兼纵横，所以文其质也。古之文质合于一，至战国而各具之质，当其用也。必兼纵横之辞以文之，周衰文弊之效也。故曰，战国者，纵横之世也。

后世之文，其体皆备于战国，何谓也？曰：子史衰而文集之体盛，著作衰而辞章之学兴。文集者，辞章不专家，而萃聚文墨以为蛇龙之菹②也。详见《文集》篇。后贤承而不废者，江河导而其势不容复遏也。经学不专家，而文集有经义；史学不专

---

① 语见《论语·子路》。
② 菹，jù，草多的沼泽地。《孟子·滕文公下》："驱蛇龙而放之菹。"

家，而文集有传记；立言不专家，即诸子书也。而文集有论辨；后世之文集，舍经义与传记、论辨之三体，其余莫非辞章之属也。而辞章实备于战国，承其流而代变其体制焉。学者不知，而溯挚虞①所哀之流别，挚虞有《文章流别传》。甚且以萧梁《文选》，举为辞章之祖也，其亦不知古今流别之义矣。

今即《文选》诸体，以征战国之赅备：挚虞《流别》，孔逭②《文苑》，今俱不传，故据《文选》。京、都诸赋③，苏、张纵横六国，侈陈形势之遗也。《上林》《羽猎》④，安陵⑤之从田，龙阳⑥之同钓也。《客难》

---

① 挚虞，字仲洽，西晋人，除《文章流别集》外，还撰有《文章志》《三辅决录注》等书。
② 孔逭，南朝齐人，生平不详。
③ 京、都诸赋，指《文选》中载录的班固《两都赋》、张衡《二京赋》《南都赋》、左思《三都赋》。
④ 《上林》《羽猎》，指司马相如《上林赋》和扬雄《羽猎赋》，两赋都是讲述帝王的田猎活动。
⑤ 安陵，指安陵君，名坛，战国时楚宣王的宠臣，曾经跟从楚宣王到云梦打猎，自请为楚宣王殉葬。
⑥ 龙阳，指龙阳君，名禧，战国时魏安釐王的宠臣，曾经与魏安釐王同坐一条船上钓鱼。

《解嘲》①，屈原之《渔父》《卜居》②，庄周之惠施问难③也。韩非《储说》④，比事征偶，连珠之所肇也，前人已有言及之者。而或以为始于傅毅之徒，傅玄之言。非其质矣。⑤孟子问齐王之大欲，历举轻暖肥甘、声音采色，⑥七林⑦之所启也，而或以为创之枚乘，忘其祖矣。邹阳辨谤于梁王⑧，江淹陈辞⑨于建平，

---

① 《客难》《解嘲》，指东方朔《答客难》和扬雄《解嘲》两篇文章，都是通过问答的形式来自我安慰。

② 《渔父》《卜居》，均见《楚辞》。校订者按：两篇文章亦采用问答的形式来说明问题。

③ 惠施问难，事见《庄子·秋水》。校订者按：文章为语录体，记载了庄子与惠施在濠梁游玩时进行的一场小辩论。

④ 《储说》，《韩非子》中有《内储说》《外储说》。

⑤ 连珠，文体名。《文选》有《陆机演连珠》五十首。傅玄认为连珠兴于汉章之世，班固、贾逵、傅毅奉诏创作。其体不指说事情，只以华丽的文辞，借比喻委婉地表达其意，像明珠连贯成串，故称"连珠"。傅毅，字武仲，东汉人。傅玄，字休奕，西晋人。

⑥ 事见《孟子·梁惠王上》。

⑦ 七林，赋体名。《文选》有枚乘《七发》、曹植《七启》、张协《七命》；此外，还有傅毅《七激》、张衡《七辨》、崔骃《七依》。

⑧ 邹阳离吴赴梁，为梁孝王门客。羊胜、公孙诡等妒嫉邹阳，向梁孝王进谗言。孝王将邹阳下狱，要杀他。邹阳从狱中上书给梁孝王，梁孝王阅后立刻释放了邹阳。

⑨ 江淹，字文通，南朝梁人。《梁书·江淹传》记载："宋建平王景素好士，淹随景素在南兖州。广陵令郭彦文得罪，辞连淹，系州狱，淹狱中上书"，"景素览书，即日出之"。

苏秦之自解忠信而获罪也①。《过秦》《王命》《六代》《辨亡》诸论②，抑扬往复，诗人讽谕之旨，孟、荀所以称述先王儆时君也。屈原上称帝喾，中述汤武，下道齐桓，亦是。淮南宾客③，梁苑辞人④，原、尝、申、陵⑤之盛举也。东方、司马⑥侍从于西京，徐、陈、

---

① 有人在燕易王面前诋毁苏秦，苏秦见燕王自作辩解。

② 《过秦》《王命》《六代》《辨亡》，指贾谊《过秦论》、班彪《王命论》、曹冏《六代论》、陆机《辨亡论》。

③ 淮南王刘安，汉高祖小儿子淮南厉王刘长之子。"为人好书……招致宾客方术之士数千人，作为内书二十一篇，外书甚众，又有中篇八卷，言神仙黄白之术"（《汉书·淮南王安传》），即今《淮南子》。刘安后因谋反自杀。

④ 梁孝王刘武，汉文帝之子。"筑东苑，方三百余里……招延四方豪杰，自山东游士莫不至。"（《汉书·梁孝王武传》）

⑤ 原、尝、申、陵，指战国四大公子：平原君、孟尝君、春申君、信陵君。平原君，战国赵武灵王之子，名胜，曾任赵国宰相，好结交宾客，门下宾客最多时达到数千人。孟尝君，姓田，名文，战国时齐国公族。曾任齐国宰相，招纳贤士，有食客数千人。春申君，姓黄，名歇，战国时楚国公室大臣，曾任楚国宰相。有食客三千余人，其上客皆穿着缀有珍珠的鞋子。信陵君，战国魏昭王的小儿子，名无忌，有食客三千人。

⑥ 东方、司马，指东方朔、司马相如。东方朔，字曼倩，善滑稽，长于文辞，汉武帝时，为金马门侍中。

应、刘①征逐于邺下②，谈天雕龙③之奇观也。遇有升沉，时有得失，畸才④汇于末世，利禄萃其性灵，廊庙山林，江湖魏阙⑤，旷世而相感，不知悲喜之何从，文人情深于诗骚，古今一也。

至战国而文章之变尽，至战国而后世之文体备，其言信而有征矣。至战国而著述之事专，何谓也？曰：古未尝有著述之事也。官师守其典章，史臣录其职载，文字之道，百官以之治，而万民以之察，而其用已备矣。是故圣王书同文以平天下，未有不用之于政教典章，而以文字为一人之著述者也。详见外篇《校雠略》中《著录先明大道论》。道不行

---

① 徐、陈、应、刘，指徐幹、陈琳、应玚、刘桢，均为三国时魏人。徐幹，字伟长；陈琳，字孔璋；应玚，字德琏；刘桢，字公幹，皆以文章著名，与孔融、王粲、阮瑀，号为建安七子。
② 邺下，三国时魏国都城，在今河南安阳市。
③ 谈天雕龙，战国时齐国阴阳家邹衍，善言天地自然，语言宏大迂怪，时人称其为"谈天衍"；其后驺奭吸取了邹衍的学说，并加之整理修订，如雕镂龙文，故人称"雕龙奭"。后多以"谈天雕龙"比喻善于言辞和长于文笔。
④ 畸才，即奇才。
⑤ 魏阙，又称"象魏"，是古代宫门外的阙门，为古代悬布法令的地方。这里代指"朝廷"。《庄子·让王》："身在江海之上，心居乎魏阙之下。"

而师儒立其教，我夫子之所以功贤尧舜也。然而"予欲无言"，"无行不与"，六艺存周公之旧典，夫子未尝著述也。《论语》记夫子之微言，而曾子、子思俱有述作以垂训，至孟子而其文然后闳肆焉，著述至战国而始专之明验也。《论语》记曾子之没，吴起尝师曾子，则曾子没于战国初年，而《论语》成于战国之时明矣。春秋之时，管子尝有书矣，《鬻子》①《晏子》②，后人所托。然载一时之典章政教，则犹周公之有官礼也。记管子之言行，则习管氏法者所缀辑，而非管仲所著述也。或谓管仲之书不当称桓公之谥，阎氏若璩③又谓后人所加，非管子之本文，皆不知古人并无私自著书之事，皆是后人缀辑。详《诸子》篇。兵家之有《太公阴符》④，

---

① 鬻熊，西周人，相传为楚国的先祖，九十岁时通晓天地、人世的道理，成为周文王的火师，自文王之后，武王、成王也曾向他求教。今传有《鬻子》一书，题为鬻熊所撰。《四库提要》疑其为唐人伪托。每篇寥寥数言，词旨肤浅，决非三代旧文。

② 晏婴，字平仲，春秋时齐人，为齐景公宰相。今传有《晏子春秋》一书，记述晏婴遗事，内容多尚兼爱，故唐柳宗元认为该书是墨子门徒所作。

③ 阎若璩，字百诗，号潜邱，清朝学者，山西太原人。

④ 《阴符》有两种，列代史志皆以《黄帝阴符》入道家，《太公阴符》入兵家。校订者按：《战国策·秦策一》中记载，苏秦曾诵习《太公阴符》。该书未被收录在《汉书·艺文志》中，到《隋书·经籍志》始著录《太公阴谋》《太公阴符钤录》两书，均早佚。

医家之有《黄帝素问》，农家之《神农》《野老》[①]，先儒以为后人伪撰而依托乎古人，其言似是，而推究其旨，则亦有所未尽也。盖末数小技，造端皆始于圣人，苟无微言要旨之授受，则不能以利用千古也。三代盛时，各守人官物曲之世氏，是以相传以口耳，而孔孟以前，未尝得见其书也。至战国而官守师传之道废，通其学者，述旧闻而著于竹帛焉。中或不能无得失，要其所自，不容遽昧也。以战国之人而述黄、农之说，是以先儒辨之文辞而断其伪托也。不知古初无著述，而战国始以竹帛代口耳，外史掌三皇五帝之书，及四方之志，与孔子所述六艺旧典，皆非著述一类，其说已见于前。实非有所伪托也。然则著述始专于战国，盖亦出于势之不得不然矣。著述不能不衍为文辞，而文辞不能不生其好尚。后人无前人之不得已，而惟以好尚逐于文辞焉，然犹自命为著述，是以战国为文章之盛，而衰端亦已兆于战国也。

---

① 《汉书·艺文志》有《野老》十七篇，班固认为是战国时齐楚间人所撰。

诗教下

　　或曰：若是乎，三代以后，六艺惟《诗》教为至广也，敢问文章之用莫盛于《诗》乎？曰：岂特三代以后为然哉！三代以前，《诗》教未尝不广也。夫子曰："不学《诗》，无以言。"古无私门之著述，未尝无达衷之言语也，惟托于声音而不著于文字。故秦人禁《诗》《书》，《书》阙有间，而《诗》篇无有散失也。[①]后世竹帛之功，胜于口耳，而古人声音之传，胜于文字，则古今时异，而理势亦殊也。自古圣王以礼乐治天下，三代文质出于一也。世之盛也，典章存于官守，礼之质也；情志和于声

---

① 《汉书·艺文志》："孔子纯取周诗，上采殷，下取鲁，凡三百五篇，遭秦而全者，以其讽诵，不独在竹帛故也。"

诗，乐之文也。迨其衰也，典章散而诸子以术鸣，故专门治术，皆为官礼之变也；情志荡而处士以横议，故百家驰说，皆为声诗之变也。名、法、兵、农、阴阳之类，主实用者谓之专门治术，其初各有职掌，故归于官而为礼之变也。谈天、雕龙、坚白、异同之类，主虚理者谓之百家驰说，其言不过达其情志，故归于诗而为乐之变也。战国之文章，先王礼乐之变也。六艺为官礼之遗，其说亦详外篇《校雠略》中《著录先明大道论》。然而独谓《诗》教广于战国者，专门之业少，而纵横腾说之言多；后世专门子术之书绝，伪体子书不足言也。而文集繁，虽有醇驳高下之不同，其究不过自抒其情志。故曰：后世之文体，皆备于战国，而《诗》教于斯可谓极广也。学者诚能博览后世之文集，而想见先王礼乐之初焉，庶几有立而能言，学问有主即是立，不尽如朱子所云肌肤筋骸之束而已也。可以与闻学《诗》、学《礼》之训矣。

学者惟拘声韵之为诗，而不知言情达志，敷陈讽谕，抑扬涵泳之文，皆本于《诗》教。是以后世文集繁，而纷纭承用之文，相与沿其体而莫由知其统要也。至于声韵之文，古人不尽通于《诗》，而后世承用诗赋之属，亦不尽出六义①之教也，其故亦备于战国。是故明于战国升降之体势，而后礼乐之分可以明，六艺之教可以别，《七略》九流、诸子百家之言，可以导源而浚流，两汉、六朝②、唐、宋、元、明之文，可以畦分而塍别，官曲术业、声诗辞说、口耳竹帛之迁变，可坐而定矣。

演畴皇极③，训、诰之韵者也，所以便讽诵，志不忘也；六象赞言④，爻、系之韵者也⑤，所以通卜筮，阐幽玄也。六艺非可皆通于诗也，而韵

---

① 《诗·大序》："诗有六义焉，一曰风，二曰赋，三曰比，四曰兴，五曰雅，六曰颂。"

② 六朝，泛指三国至隋代南北两方，即南六朝：吴、东晋、宋、齐、梁、陈；北六朝：魏、晋、后魏、北齐、北周、隋。

③ 演畴皇极，指《书·洪范》而言。《洪范》相传是箕子为武王演说九畴皇极的记录。篇中语多押韵，如"无偏无陂，遵王之义；无有作好，遵王之道；无有作恶，遵王之路"等。

④ 六象，即爻辞，《周易》六十四卦，每卦六画，每画为一爻，"—"为阳爻，"--"为阴爻。每爻各有卦辞及爻辞，相传卦辞为周公所作，爻辞为孔子所作。爻辞上均冠以"象曰"二字，故称"六象"。赞言，即《文言》。

⑤ 爻辞多用韵语，如《坤卦》："履霜坚冰，阴始凝也；驯致其道，至坚冰也"，凝、冰押韵。《文言》亦多用韵语，如"潜龙勿用，阳气潜藏。见龙在田，天下文明。终日乾乾，与时偕行"，藏、明、行，古音押韵。

言不废，则谐音协律不得专为《诗》教也。传记如《左》《国》，著说如《老》《庄》，文逐声而遂谐，语应节而遒协，岂必合《诗》教之比兴哉！焦赣之《易林》①，史游之《急就》②，经部韵言之不涉于《诗》也。《黄庭经》③之七言，《参同契》④之断字，子术韵言之不涉于《诗》也。后世杂艺百家诵拾名数，率用五言七字演为歌诀，咸以取便记诵，皆无当于诗人之义也。而文指存乎咏叹，取义近于比兴，多或滔滔万言，少或寥寥片语，不必谐韵和声，而识者雅赏其为《风》《骚》遗范也。故善论文者，贵求作者之意指，而不可拘于形貌也。

---

① 焦赣，名延寿，西汉人。曾从孟喜学《易》，后授之于京房。著有《易林》十六卷，其书以一卦演为六十四卦，卦下有韵文繇辞，是一部象数学著作。
② 史游，西汉人，汉元帝时为黄门令，著《急就篇》，全文自始至终，没有一个字重复，是一部童蒙识字课本。
③ 《黄庭经》有四种，皆为道教经书。一为《黄庭内景经》，为南岳夫人魏华存传承下来。一为《黄庭外景经》，世传王羲之为了换取白鹅，为山阴道士抄写这部经书。此外尚有《黄庭遁甲缘身经》《黄庭玉轴经》，世均称为《黄庭经》。此处大约是指《黄庭外景经》。
④ 《参同契》，葛洪《神仙传》称该书为东汉魏伯阳所作，书中借《周易》爻象附和道家炼丹修养之说，为后世讲述炼丹的专书之祖。

传曰:"不歌而诵谓之赋。"班氏固曰:"赋者古诗之流。"刘氏勰①曰:"六义②附庸③,蔚成*大国。"盖长言咏叹之一变,而无韵之文可通于《诗》者,亦于是而益广也。屈氏二十五篇,刘、班著录以为《屈原赋》也④。《渔父》之辞,未尝谐韵,而入于赋,则文体承用之流别,不可不知其渐也。文之敷张而扬厉者,皆赋之变体,不特附庸之为大国,抑亦陈完之后,离去宛丘故都,而大启疆宇于东海之滨也。⑤后世百家杂艺,亦用赋体为拾诵,窦氏《述书赋》、吴氏《事类赋》、医家《药性赋》、星卜命相术业赋之类。盖与歌诀同出六艺之外矣。然而赋家者

---

① 刘勰,字彦和,南朝梁人。曾作《文心雕龙》评论古今文体及文章的得失,自隋唐以来被文章家所宗尚。

② 义,章学诚引作"艺",今据刘勰《文心雕龙》原文更正。

③ 附庸,原指附属于诸侯的小国,引申为附着、依附的意思。刘勰这句话的意思是说,赋本为《诗经》六义之一,后来发展为一种独立的文体。

④ 《汉书·艺文志》载"《屈原赋》二十五篇"。

⑤ 陈完,春秋时陈厉公的儿子,陈宣公时为避祸逃到了齐国。周安王十六年(公元前386年),周安王命陈完的后人田和为齐侯,史称"田齐"。周显王十七年(公元前352年),齐侯称王。

* "成"原文作"为",今据刘勰《文心雕龙·诠赋》改作"成"。

流，犹有诸子之遗意，居然自命一家之言者，其中又各有其宗旨焉。殊非后世诗赋之流，拘于文而无其质，茫然不可辨其流别也。是以刘、班《诗赋》一略，区分五类，而屈原、陆贾、荀卿定为三家之学也。^①说详外篇《校雠略》中《汉志诗赋论》。马、班二史，于相如、扬雄诸家之著赋，俱详载于列传。自刘知几以还，从而抵排非笑者，盖不胜其纷纷矣，要皆不为知言也。盖为后世文苑之权舆，而文苑必致文采之实迹，以视范史^②而下，标文苑而止叙文人行略者为远胜也。然而汉廷之赋，实非苟作，长篇录入于全传，足见其人之极思，殆与贾疏董策为用不同，而同主于以文传人也。是则赋家者流，纵横之派别而兼诸子之余风，此其所以异于后世辞章之士也。故论文于战国而下，贵求作者之意指，而

---

① 《汉书·艺文志》著录诗赋106家，1318篇。内分五类：一、赋20家，361篇，以《屈原赋》为首。二、赋21家，274篇，以《陆贾赋》为首。三、赋25家，136篇，以《孙卿（即荀卿）赋》为首。四、杂赋12家，233篇。五、歌诗28家，314篇。陆贾，西汉人，从高祖定天下，著《新语》十二篇。
② 范史，指范晔《后汉书》。范晔，字蔚宗，南朝宋人，著名学者范泰的儿子，后因谋反被杀。

不可拘于形貌也。

论文拘形貌之弊，至后世文集而极矣。盖编次者之无识，亦缘不知古人之流别，作者之意指，不得不拘貌而论文也。集文虽始于建安[①]，魏文撰徐、陈、应、刘文为一集，此文集之始，挚虞《流别集》犹其后也。[②]而实盛于齐、梁之际，古学之不可复，盖至齐、梁而后荡然矣。挚虞《流别集》，乃是后人集前人。人自为集，自齐之《王文宪集》[③]始，而昭明《文选》又为总集之盛矣。范、陈、《晋》、《宋》[④]诸史所载文人列传，总其撰著，必云诗、赋、碑、箴、颂、诔若干篇，而未尝云文集若干卷，则古人文字，散著篇籍，而不强以类分可知也。孙武之书，盖有八十二篇矣[⑤]，说详外篇《校雠略》中《汉志兵书论》。而阖闾以谓"子

---

① 建安，汉献帝年号。
② 魏文帝曹丕《与吴质书》："徐、陈、应、刘，一时俱逝，……顷撰其遗文，都为一集。"魏文，指魏文帝曹丕，曹操次子。
③ 王俭，字仲宝，南齐人，谥号"文宪"。有《王文宪集》，任昉作序。
④ 范，范晔。陈，陈寿，字承祚，西晋人，撰《三国志》。《晋》，指《晋书》，为唐太宗命房玄龄、褚遂良等撰。《宋》，指《宋书》，南朝梁沈约撰。
⑤ 《汉书·艺文志》兵书载"《吴孙子兵法》八十二篇"。

之十三篇，吾既得而见"①，是《始计》②以下十三篇，当日别出独行，而后世始合之明征也。韩非之书，今存五十五篇矣，而秦王见其《五蠹》《孤愤》，恨不得与同时，③是《五蠹》《孤愤》当日别出独行，而后世始合之明征也。《吕氏春秋》④自序，以为良人问十二纪⑤，是八览⑥、六论⑦未尝入序次也。董氏《清明》《玉杯》《竹林》之篇，班固与《繁露》并

---

① 语见《史记·孙子吴起列传》。校订者按：原文作"子之十三篇，吾尽观之矣"。

② 《始计》，《孙子兵法》篇名。

③ 《史记·老庄申韩列传》："秦王见《孤愤》《五蠹》之书，曰：'嗟乎！寡人得见此人与之游，死不恨矣。'"《孤愤》《五蠹》，《韩非子》篇名。

④ 秦相吕不韦，有食客三千人，"使其客人人著所闻，集论以为八览、六论、十二纪，二十余万言，以为备天地万物古今之事，号曰《吕氏春秋》。布咸阳市门，悬千金其上，延诸侯游士宾客，有能增损一字者予千金"。（《史记·吕不韦列传》）

⑤ 十二纪，指《孟春纪》《仲春纪》《季春纪》《孟夏纪》《仲夏纪》《季夏纪》《孟秋纪》《仲秋纪》《季秋纪》《孟冬纪》《仲冬纪》《季冬纪》。

⑥ 八览，指《有始览》《孝行览》《慎大览》《先识览》《审分览》《审应览》《离俗览》《恃君览》。

⑦ 六论，指《开春论》《慎行论》《贵直论》《不苟论》《似顺论》《士容论》。

纪其篇名，是当日诸篇未入《繁露》之书也。[①]夫诸子专家之书，指无旁及，而篇次犹不可强绳以类例；况文集所衷，体制非一，命意各殊，不深求其意指之所出，而欲强以篇题形貌相拘哉！

　　赋先于诗，骚别于赋。赋有问答发端，误为赋序，前人之议《文选》，犹其显然者也。若夫《封禅》《美新》《典引》[②]，皆颂也。称符命以颂功德，而别类其体为"符命"，则王子渊[③]以圣主得贤臣而颂嘉会，亦当别类其体为"主臣"矣。班固次韵乃《汉书》之自序也。其云"述《高帝纪》第一""述《陈项传》第一"者，所以自序撰书之本意，史迁有作于先，故已退居于述尔。今于史论之外，别出一体为"史述赞"[④]，则迁书《自序》所

---

① 《汉书·董仲舒传》："仲舒所著，皆明经术之意，及上疏条教，凡百二十三篇。而说《春秋》事得失，《闻举》《玉杯》《蕃露》《清明》《竹林》之属，复数十篇，十余万言。"今董仲舒书称《春秋繁露》，共八十二篇，《玉杯》《竹林》皆为其中篇目。

② 《封禅》《美新》《典引》，指司马相如《封禅文》、扬雄《剧秦美新》、班固《典引》，均载入《文选》符命类。

③ 王子渊，即王褒，字子渊，西汉人，撰有《圣主得贤臣颂》。

④ 史述赞，《文选》论赞类载有从班固《汉书》选出的史述赞三首，即《述高祖纪赞》《述成纪赞》《述韩彭英卢吴传赞》。

谓"作《五帝纪》第一""作《伯夷传》第一"者，
又当别出一体为"史作赞"矣。汉武诏策贤良，即
策问也。今以出于帝制，遂于"策问"之外，别
名曰"诏"。①然则制策之对，当离诸策而别名为
"表"矣。贾谊《过秦》，盖《贾子》之篇目也。今
传贾氏《新书》，首列《过秦》上下二篇，此为后人辑定，不
足为据。《汉志》，《贾谊》五十八篇，又赋七篇，此外别无论
著，则《过秦》乃《贾子》篇目明矣。因陆机《辨亡》之
论②，规仿《过秦》，遂援左思"著论准《过秦》"之
说③，而标体为"论"矣。左思著论之说，须活看，不可
泥。魏文《典论》④，盖犹桓子《新论》⑤、王充《论衡》⑥
之以论名书耳，《论文》其篇目也。今与《六代》⑦
《辨亡》诸篇同次于论，然则昭明自序所谓"老、

---

① 《文选》本有策问类，而诏类所收汉武帝《贤良诏》，实为策问体，
故云。

② 陆机，字士衡，西晋人。《文选》载其《辨亡论》上下二首。

③ 左思，字太冲，西晋人。"著论准《过秦》"，是其《咏史》诗句。

④ 《典论》，曹丕著，其中《论文》一篇，被萧统收入《文选》论类，
是我国现存最早的文学评论。

⑤ 桓子，即桓谭，字君山，汉光武时拜为议郎，著有《新论》二十九篇。

⑥ 王充，字仲任，东汉人。著《论衡》八十五篇。

⑦ 《六代》，指三国魏曹冏《六代论》。曹冏，字元首，魏少帝曹芳族祖。

庄之作，管、孟之流，立意为宗，不以能文为本"，其例不收诸子篇次者，岂以有取斯文，即可裁篇题论，而改子为集乎？《七林》之文皆设问也，今以枚生发问有七，而遂标为"七"，则《九歌》《九章》《九辨》①，亦可标为"九"乎？《难蜀父老》②，亦设问也。今以篇题为难，而别为"难"体，则《客难》③当与同编，而《解嘲》④当别为"嘲"体，《宾戏》⑤当别为"戏"体矣。《文选》者，辞章之圭臬，集部之准绳，而淆乱芜秽，不可殚诘；则古人流别，作者意指，流览诸集，孰是深窥而有得者乎？集人之文尚未得其意指，而自哀所著为文集者，何纷纷耶！若夫总集别集之类例，编辑撰次之得失，今古详略之攸宜，录选评钞之当否，别有专篇讨论，不尽述也。

---

① 《九歌》《九章》，屈原作；《九辨》，宋玉作。
② 《难蜀父老》，司马相如作。
③ 《客难》，即东方朔《答客难》。
④ 《解嘲》，扬雄作。
⑤ 《宾戏》，即班固《答宾戏》。

原道上

"道之大原出于天"[①]，天固谆谆然命之乎？曰：天地之前，则吾不得而知也。天地生人，斯有道矣，而未形。三人居室，而道形矣，犹未著也。人有什伍而至百千，一室所不能容，部别班分，而道著矣。仁义忠孝之名，刑政礼乐之制，皆其不得已而后起者也。

人之生也，自有其道，人不自知，故未有形。三人居室，则必朝暮启闭其门户，饔飧取给于樵汲，既非一身，则必有分任者矣。或各司其事，或番易其班，所谓不得不然之势也，而均平秩序之义出矣。又恐交委而互争焉，则必推年之长者持其

---

① 董仲舒语，见《汉书·董仲舒传》。

65

平，亦不得不然之势也，而长幼尊卑之别形矣。至于什伍千百，部别班分，亦必各长其什伍，而积至于千百，则人众而赖于干济，必推才之杰者理其繁，势纷而须于率俾，必推德之懋者司其化，是亦不得不然之势也，而作君、作师、画野、分州、井田、封建、学校之意著矣。故道者，非圣人智力之所能为，皆其事势自然，渐形渐著，不得已而出之，故曰"天"也。

《易》曰："一阴一阳之谓道"①，是未有人而道已具也。"继之者善，成之者性"②，是天著于人而理附于气。故可形其形而名其名者，皆道之故，而非道也。道者，万事万物之所以然，而非万事万物之当然也。人可得而见者，则其当然而已矣。人之初生，至于什伍千百，以及作君、作师、分州、画野，盖必有所需而后从而给之，有所郁而后从而宣之，有所弊而后从而救之。羲、农、轩、顼③之制作，初意不过如是尔。法积美备，至唐虞而尽善

---

① 语见《易·系辞上》。
② 同上。
③ 羲、农、轩、顼，指伏羲、神农、轩辕、颛顼。

焉。殷因夏监，至成周而无憾焉。譬如滥觞积而渐
为江河，培塿积而至于山岳，亦其理势之自然，而
非尧、舜之圣过乎羲、轩，文、武之神胜于禹、汤
也。后圣法前圣，非法前圣也，法其道之渐形而渐
著者也。三皇无为而自化，五帝开物而成务，三
王①立制而垂法，后人见为治化不同有如是尔。当
日圣人创制，只觉事势出于不得不然，一似暑之必
须为葛，寒之必须为裘，而非有所容心，以谓吾必
如是而后可以异于前人，吾必如是而后可以齐名前
圣也。此皆一阴一阳往复循环所必至，而非可即是
以为一阴一阳之道也。一阴一阳往复循环者，犹车
轮也；圣人创制，一似暑葛寒裘，犹轨辙也。

　　道有自然，圣人有不得不然，其事同乎？曰：
不同。道无所为而自然，圣人有所见而不得不然
也。故言圣人体道可也，言圣人与道同体不可也。
圣人有所见，故不得不然；众人无所见，则不知其
然而然。孰为近道？曰：不知其然而然，即道也。
非无所见也，不可见也。不得不然者，圣人所以合

---

① 三王，指夏禹、商汤、周文王。

乎道，非可即以为道也。圣人求道，道无可见，即众人之不知其然而然，圣人所藉以见道者也。故不知其然而然，一阴一阳之迹也。学于圣人，斯为贤人；学于贤人，斯为君子；学于众人，斯为圣人。非众可学也，求道必于一阴一阳之迹也。自有天地而至唐虞、夏、商，迹既多而穷变通久①之理亦大备。周公以天纵生知之圣，而适当积古留传道法大备之时，是以经纶制作，集千古之大成，则亦时会使然，非周公之圣智能使之然也。盖自古圣人，皆学于众人之不知其然而然，而周公又遍阅于自古圣人之不得不然而知其然也。周公固天纵生知之圣矣，此非周公智力所能也，时会使然也。譬如春夏秋冬，各主一时，而冬令告一岁之成，亦其时会使然，而非冬令胜于三时也。故创制显庸之圣，千古所同也；集大成者，周公所独也。时会适当然而然，周公亦不自知其然也。

孟子曰："孔子之谓集大成。"今言集大成者为周公，毋乃悖于孟子之指欤？曰：集之为言，萃众

---

① 《易·系辞下》："《易》，穷则变，变则通，通则久。"

之所有而一之也。自有天地而至唐虞、夏、商，皆圣人而得天子之位，经纶治化，一出于道体之适然。周公成文、武之德，适当帝全王备，殷因夏监，至于无可复加之际，故得藉为制作典章，而以周道集古圣之成，斯乃所谓集大成也。孔子有德无位，即无从得制作之权，不得列于一成，安有大成可集乎？非孔子之圣逊于周公也，时会使然也。孟子所谓集大成者，乃对伯夷、伊尹、柳下惠而言之也。①意谓伯夷、尹、惠皆古圣人，恐学者疑孔子之圣与三子同，公孙丑氏尝有"若是其班"之问矣，故言三子之偏与孔子之全，无所取譬，譬于作乐之大成也。故孔子大成之说，可以对三子，而不可以尽孔子也。以之尽孔子，反小孔子矣。何也？周公集羲、轩、尧、舜以来之大成，周公固学于历圣而集之，无历圣之道法，则固无以成其周公也。孔子非集伯夷、尹、惠之大成，孔子固未尝学于伯夷、尹、惠，且无伯夷、尹、惠之行事，岂将无以

---

① 孟子曰："伯夷，圣之清者也；伊尹，圣之任者也；柳下惠，圣之和者也；孔子，圣之时者也。孔子之谓集大成。"(《孟子·万章下》)

成其孔子乎？夫孟子之言各有所当而已矣，岂可以文害意乎？

达巷党人曰："大哉孔子！博学而无所成名。"①今人皆嗤党人不知孔子矣，抑知孔子果成何名乎？以谓天纵生知之圣，不可言思拟议而为一定之名也，于是援天与神，以为圣不可知而已矣。斯其所见，何以异于党人乎？天地之大，可以一言尽；孔子之大，亦天地也，独不可以一言尽乎？或问何以一言尽孔子？则曰：学周公而已矣。周公之外别无所学乎？曰：非有学而孔子有所不至；周公既集群圣之成，则周公之外，更无所谓学也。周公集群圣之大成，孔子学而尽周公之道。斯一言也，足以蔽孔子之全体矣。"祖述尧舜"，周公之志也；"宪章文武"，周公之业也。②一则曰："文王既没，文不在兹。"③再则曰："甚矣吾衰！不复梦见周公。"④又

---

① 语见《论语·子罕》。
② 《礼·中庸》："仲尼祖述尧舜，宪章文武。"朱熹注："祖述者，远宗其道；宪章者，近守其法。"
③ 语见《论语·子罕》。
④ 语见《论语·述而》。校订者按：原文作"甚矣吾衰也！久矣吾不复梦见周公"。

曰："吾学周礼，今用之。"①又曰："郁郁乎文哉，吾从周。"②哀公问政，则曰："文、武之政，布在方策。"③或问："仲尼焉学？"子贡以为："文、武之道，未坠于地。"④"述而不作"⑤，周公之旧典也；"好古敏求"⑥，周公之遗籍也。党人生同时而不知，乃谓无所成名，亦非全无所见矣。后人观载籍而不知夫子之所学，是不如党人所见也，而犹嗤党人为不知，奚翅百步之笑五十步乎？故自古圣人，其圣虽同，而其所以为圣不必尽同，时会使然也。惟孔子与周公，俱生法积道备至于无可复加之后，周公集其成以行其道，孔子尽其道以明其教，符节吻合，如出于一人，不复更有毫末异同之致也。然则欲尊孔子者，安在援天与神而为恍惚难凭之说哉？

或曰：孔子既与周公同道矣，周公集大成，而孔子独非大成欤？曰：孔子之大成，亦非孟子仅对

---

① 语见《礼·中庸》。
② 语见《论语·八佾》。
③ 语见《礼·中庸》。
④ 语见《论语·子张》。
⑤ 语见《论语·述而》。
⑥ 同上。

伯夷、尹、惠之谓也，又不同于周公之集也。孟子曰："集大成也者，金声而玉振之也。"[①]窃取其义以拟周、孔，周公其玉振之大成，孔子其金声之大成欤！周公集羲、轩、尧、舜以来之道法，而于前圣所传损益尽其美善，玉振之收于其后者也。孔子尽周公之道法，不得行而明其教，后世纵有圣人，不能出其范围，金声之宣于前者也。盖君师分而治教不能合于一，气数之出于天者也。周公集治统之成，而孔子明立教之极，皆事理之不得不然，而非圣人故欲如是以求异于前人，此道法之出于天者也。故隋、唐以前，学校并祀周、孔，以周公为先圣，孔子为先师。盖言制作之为圣，而立教之为师。故孟子曰："周公、仲尼之道，一也。"然则周公、孔子以时会而立统宗之极，圣人固藉时会欤？宰我以为夫子贤于尧、舜，子贡以为生民未有如夫子，有若以夫子较古圣人则谓出类拔萃。[②]三

---

① 《孟子·万章下》："金声也者，始条理也；玉振之也者，终条理也。始条理者，智之事也；终条理者，圣之事也。"
② 事见《孟子·公孙丑上》。

子得毋阿所好欤？曰：朱子①之言尽之矣："语圣则不异，事功则有异。"②然而治见实事，教则垂空言矣。立言必折衷夫子，大贤而下，其言不能不有所偏矣。宰我、子贡、有若，孟子并引其言，以谓知足知圣矣。子贡之言固无弊；而宰我"贤于尧、舜"，且曰"远"，使非朱子疏别为事功，则无是理也。夫尊夫子者莫若切近人情，虽固体于道之不得不然，而已为生民之所未有矣。盖周公集成之功在前王，而夫子明教之功在万世也。若歧视周、孔而优劣之，则妄矣。故欲知道者，在知周、孔之所以为周、孔。

---

① 朱子，即朱熹，字元晦，后人尊称其为"朱子"，著有《四书章句集注》。
② 语见《孟子集注·公孙丑上》。

原道中

韩退之^①曰:"由周公而上,上而为君,故其事行;由周公而下,下而为臣,故其说长。"^②夫说长者道之所由明,而说长者亦即道之所由晦也。夫子尽周公之道而明其教于万世,夫子未尝自为说也。表章六籍,存周公之旧典,故曰:"述而不作,信而好古。"^③又曰:"盖有不知而作之者,我无是也。"^④"子所雅言,《诗》《书》执礼。"^⑤所谓明先王之道以导之也。非夫子推尊先王,意存谦牧而不

---

① 韩愈,字退之,谥号为文。郡望昌黎,故世称韩昌黎。
② 语见韩愈《原道》。
③ 语见《论语·述而》。
④ 同上。
⑤ 同上。

自作也，夫子本无可作也。有德无位，即无制作之权；空言不可以教人，所谓"无征不信"也。教之为事，羲、轩以来，盖已有之。观《易大传》①之所称述，则知圣人即身示法，因事立教，而未尝于敷政出治之外，别有所谓教法也。虞廷之教，则有专官矣。司徒之所敬敷，典乐之所咨命，②以至学校之设，通于四代，③司成师保之职④，详于《周官》。然既列于有司，则肄业存于掌故；其所习者，修齐治平之道，而所师者，守官典法之人。治教无二，官师合一，岂有空言以存其私说哉？儒家者流，尊奉

---

① 《易大传》即《易·系辞》。司马谈《论六家要指》引《系辞》"天下一致而百虑，同归而殊途"，称出自《易大传》。司马谈向杨何学习《周易》，杨何自著《易传》，故称孔子所著《系辞》为《大传》以相互区别。后人因此称《系辞》为《大传》。

② 《书·舜典》：舜命契"作司徒，敬敷五教"，又命夔"典乐，教胄子"。

③ 《礼·王制》记四代的学校制度：虞舜时代称上庠、下庠，夏朝称东序、西序，殷商称左学、右学，周朝称东胶、虞庠。上庠、东序、右学、东胶，皆大学，告老退职的贵族卿大夫在此教学。下庠、西序、左学、虞庠，皆小学，年老退职的士人在此教学。

④ 司成，这里指"大司成"，周代官职名，主管国子品德教育。《礼·文王世子》郑玄注："大司成，司徒之属，师氏也。师氏掌以媺诏王、教国子以三德三行及国中失之事也。"师保，即师氏、保氏，皆地官大司徒的属官。

孔子，若将私为儒者之宗师，则亦不知孔子矣。孔子立人道之极，未可以谓立儒道之极也。儒也者，贤士不遇明良之盛，不得位而大行，于是守先王之道以待后之学者，出于势之无可如何尔。人道所当为者，广矣大矣，岂当身皆无所遇，而必出于守先待后，不复涉于人世哉！学《易》原于羲画，不必同其卉服野处也；观《书》始于《虞典》，不必同其呼旻号泣也[1]。以为所处之境，各有不同也。然则学夫子者，岂曰屏弃事功，预期道不行而垂其教邪？

《易》曰："形而上者谓之道，形而下者谓之器。"[2] 道不离器，犹影不离形。后世服夫子之教者自六经，以谓六经载道之书也，而不知六经皆器也。《易》之为书，所以开物成务，掌于春官太卜[3]，则固有官守而列于掌故矣。《书》在外史[4]，

① 《孟子·万章上》："舜往于田，号泣于旻天。"
② 语见《易·系辞上》。
③ 《周礼·春官》：太卜"掌三易之法：一曰《连山》，二曰《归藏》，三曰《周易》"。
④ 《周礼·春官》：外史"掌三皇五帝之书"。

《诗》领太师[1]，《礼》自宗伯[2]，《乐》有司成[3]，《春秋》各有国史。三代以前，《诗》《书》六艺，未尝不以教人，非如后世尊奉六经，别为儒学一门而专称为载道之书者。盖以学者所习，不出官司典守、国家政教，而其为用，亦不出于人伦日用之常，是以但见其为不得不然之事耳，未尝别见所载之道也。夫子述六经以训后世，亦谓先圣先王之道不可见，六经即其器之可见者也。后人不见先王，当据可守之器，而思不可见之道，故表章先王政教，与夫官司典守以示人，而不自著为说，以致离器言道也。夫子自述《春秋》之所以作，则云"我欲托之空言，不如见诸行事之深切著明"。[4]则政教典章人

---

① 《周礼·春官》：太师"教六诗：曰风，曰赋，曰比，曰兴，曰雅，曰颂"。

② 《周礼·春官》：大宗伯掌吉、凶、军、宾、嘉诸礼。《书·周官》亦称"宗伯掌邦礼"。

③ 按："司成"据郑玄《礼·文王世子》注，为司徒属官——师氏，但师氏不曾掌管以乐舞教国子的事务。《周礼·春官》："大司乐掌成均之法，以治建国之学政而合国之子弟焉……以乐舞教国子。"则此处的"司成"指的应当为大司乐，只不过因为大司乐兼掌教育之事，所以章学诚先生可能将"司乐"误写作"司成"。

④ 《史记·太史公自序》引孔子语。原文作"我欲载之空言，不如见之于行事之深切著明也"。

伦日用之外，更无别出著述之道，亦已明矣。秦人禁偶语《诗》《书》，而云"欲学法令，以吏为师"。[①]夫秦之悖于古者，禁《诗》《书》耳；至云学法令者，以吏为师，则亦道器合一，而官师治教未尝分歧为二之至理也。其后治学既分，不能合一，天也。官司守一时之掌故，经师传授受之章句，亦事之出于不得不然者也。然而历代相传，不废儒业，为其所守先王之道也。而儒家者流，守其六籍[②]，以为是特载道之书耳。夫天下岂有离器言道，离形存影者哉？彼舍天下事物、人伦日用，而守六籍以言道，则固不可与言夫道矣。

《易》曰："仁者见之谓之仁，智者见之谓之智，百姓日用而不知"[③]，道之所由隐也。夫见亦谓之，则固贤于日用不知矣。然而不知道而道存，见谓道而道亡。大道之隐也，不隐于庸愚，而隐于贤智之伦者，纷纷有见也。盖官师治教合，而天下聪

---

① 《史记·秦始皇本纪》载秦始皇三十四年，丞相李斯奏请焚烧《诗》《书》，说："若欲有学法令，以吏为师。"秦始皇采纳了李斯的建议。
② 六籍，即六经。
③ 语见《易·系辞上》。

明范于一，故即器存道，而人心无越思。官师治教分，而聪明才智不入于范围，则一阴一阳入于受性之偏，而各以所见为固然，亦势也。夫礼司乐职，各守专官，虽有离娄①之明、师旷②之聪，不能不赴范而就律也。今云官守失传，而吾以道德明其教，则人人皆自以为道德矣。故夫子述而不作，而表章六艺，以存周公之旧典也，不敢舍器而言道也。而诸子纷纷则已言道矣，庄生譬之为耳目口鼻③，司马谈别之为六家④，刘向区之为九流⑤，皆自以为至极，而思以其道易⑥天下者也。由君子观之，皆仁智之见而谓之，而非道之果若是易也。夫道因器而

---

① 离娄，又作离朱，相传为黄帝时人，视力极强，据说能于百步外看见秋天鸟兽新长的细毛的尖端。

② 师旷，春秋时晋国乐师，字子野，目盲，却善辨声律。

③ 《庄子·天下》谈论当时诸子百家的学术时，认为他们"譬如耳目鼻口，皆有所明，不能相通"。

④ 司马谈，西汉史学家，司马迁的父亲。六家，指阴阳家、儒家、墨家、名家、法家、道家。

⑤ 刘向，字子政，汉朝宗室。成帝派人在全国访求散佚的书籍，诏令刘向校勘经传、诸子、诗赋。每一种书校完后，就分列出篇目，总结大意，抄录后上奏。九流，指儒家、道家、阴阳家、法家、名家、墨家、纵横家、杂家、农家。

⑥ 易，治理。

显，不因人而名也。自人有谓道者，而道始因人而异其名矣。仁见谓仁，智见谓智是也。人自率道而行，道非人之所能据而有也。自人各谓其道而各行其所谓，而道始得为人所有矣。墨者之道，许子^①之道，其类皆是也。夫道自形于三人居室，而大备于周公、孔子。历圣未尝别以道名者，盖犹一门之内不自标其姓氏也。至百家杂出而言道，而儒者不得不自尊其所出矣。一则曰尧、舜之道，再则曰周公、仲尼之道，故韩退之谓"道与德为虚位"也。夫"道与德为虚位"者，道德之衰也。

---

① 许子，指许行，战国时楚人，农家代表人物，主张君民并耕，自食其力。

原道下

　　人之萃处也，因宾而立主之名；言之庞出也，因非而立是之名。自诸子之纷纷言道而为道病焉，儒家者流乃尊尧、舜、周、孔之道以为吾道矣。道本无吾，而人自吾之，以谓庶几别于非道之道也。而不知各吾其吾，犹三军之众可称我军，对敌国而我之也；非临敌国，三军又各有其我也。夫六艺者，圣人即器而存道，而三家之《易》①，四氏之

---

① 三家，指施雠、孟喜、梁丘贺。施雠，字长卿；孟喜，亦字长卿；梁丘贺，字长翁，三人都曾跟随西汉学者田王孙学习《周易》，后各成一家，列于学官。

《诗》[1]，攻且习者，不胜其入主而出奴也。不知古人于六艺，被服如衣食，人人习之为固然，未尝专门以名家者也。后儒但即一经之隅曲，而终身殚竭其精力，犹恐不得一当焉，是岂古今人不相及哉？其势有然也。古者道寓于器，官师合一，学士所肄，非国家之典章，即有司之故事，耳目习而无事深求，故其得之易也。后儒即器求道，有师无官，事出传闻而非目见，文须训故而非质言，是以得之难也。夫六艺并重，非可止守一经也；经旨闳深，非可限于隅曲也。而诸儒专攻一经之隅曲，必倍古人兼通六艺之功能，则去圣久远，于事固无足怪也。但既竭其心思耳目之智力，则必于中独见天地之高

---

① 四氏，指申培、辕固、韩婴、毛亨与毛苌。申培，西汉学者，鲁人，向浮邱伯学习《诗经》，《鲁诗》的创始人。辕固，西汉时齐人，景帝时为博士，以治《诗经》著称于世，其所传的《诗经》称为《齐诗》。韩婴，西汉时燕人，作《韩诗内传》《韩诗外传》数万言，其所传的《诗经》称为《韩诗》。毛诗，出自鲁人毛亨，毛亨又传授给赵人毛苌，毛苌为河间献王博士，世称毛亨为大毛公，毛苌为小毛公。鲁、齐、韩三家，汉时同列于学官，《毛诗》至汉平帝时才被立为朝廷的官学。《汉书·艺文志》有《毛诗故训传》，郑玄为其作笺注，撰《毛诗笺》。现在流传的是毛亨的《毛诗故训传》，鲁、齐、韩三家诗东汉以后逐渐衰亡。

深，因谓天地之大，人莫我尚也，亦人之情也。而不知特为一经之隅曲，未足窥古人之全体也。训诂章句，疏解义理，考求名物，皆不足以言道也。取三者而兼用之，则以萃聚之力补遥溯之功，或可庶几耳。而经师先已不能无牴牾①，传其学者又复各分其门户，不啻儒墨之辨焉，则因宾定主而又有主中之宾，因非立是而又有是中之非，门径愈歧而大道愈隐矣。

"上古结绳而治，后世圣人易之以书契，百官以治，万民以察。"②夫文字之用，为治为察，古人未尝取以为著述也。以文字为著述，起于官师之分职，治教之分途也。夫子曰："予欲无言。"③欲无言者，不能不有所言也。孟子曰："予岂好辨哉？予不得已也。"后世载笔之士，作为文章，将以信今而传后，其亦尚念"欲无言"之旨与夫"不得已"之情，庶几哉！言出于我，而所以为言者，初非由我也。夫道备于六经，义蕴之匮于前者，章句训诂

---

① 牴牾，dǐwǔ，这里指相互冲突。
② 语见《易·系辞下》。
③ 语见《论语·阳货》。

足以发明之。事变之出于后者，六经不能言，固贵约六经之旨而随时撰述以究大道也。"太上立德，其次立功，其次立言。"①立言与功德相准，盖必有所需而后从而给之，有所郁而后从而宣之，有所弊而后从而救之，而非徒夸声音采色，以为一己之名也。《易》曰："神以知来，知以藏往。"②知来，阳也；藏往，阴也。一阴一阳，道也。文章之用，或以述事，或以明理。事溯已往，阴也；理阐方来，阳也。其至焉者，则述事而理以昭焉，言理而事以范焉，则主适不偏，而文乃衷于道矣。迁、固之史，董、韩③之文，庶几哉有所不得已于言者乎！不知其故而但溺文辞，其人不足道已。即为高论者，以谓文贵明道，何取声情色采以为愉悦，亦非知道之言也。夫无为之治④而奏薰风⑤，灵台之功

---

① 语见《左传·襄公二十四年》。
② 语见《易·系辞上》。校订者按："知以藏往"的"知"，章氏原文作"智"，今据《易·系辞上》改作"知"。
③ 董、韩，指董仲舒、韩愈。
④ 无为之治，语见《论语·卫灵公》："无为而治者，其舜也欤！"
⑤ 奏薰风，《孔子家语》记载，舜作五弦琴，歌《南风》诗："南风之薰兮，可以解吾民之愠兮。"

而乐钟鼓①，以及弹琴遇文②，风雩言志③，则帝王致治，贤圣功修，未尝无悦目娱心之适，而谓文章之用，必无咏叹抑扬之致哉？但溺于文辞之末，则害道已。

子贡曰："夫子之文章，可得而闻也；夫子之言性与天道，不可得而闻也。"④盖夫子所言，无非性与天道，而未尝表而著之曰：此"性"，此"天道"也。故不曰"性与天道不可得闻"，而曰"言性与天道不可得闻"也。所言无非性与天道，而不明著此性与天道者，恐人舍器而求道也。夏礼能言，殷礼能言，皆曰"无征不信"，则夫子所言，必取

---

① 周文王作灵台。《诗·大雅·灵台》："于论鼓钟，于乐辟廱。"
② 《史记·孔子世家》："孔子学鼓琴师襄子，十日不进。师襄子曰：'可以益矣。'孔子曰：'丘已习其曲矣，未得其数也。'有间，曰：'已习其数，可以益矣。'孔子曰：'丘未得其志也。'有间，曰：'已习其志，可以益矣。'孔子曰：'丘未得其为人也。'有间，曰：'有所穆然深思焉，有所怡然高望而远志焉。'曰：'丘得其为人，黯然而黑，几然而长，眼如望羊，心如王四国，非文王其谁能为此也！'师襄子辟席再拜曰：'师盖云《文王操》也。'"
③ 《论语·先进》：孔子让子路、曾皙、冉有、公西华各言其志。曾皙说："莫春者，春服既成，冠者五六人，童子六七人，浴乎沂，风乎舞雩，咏而归。"舞雩，跳舞求雨的祭坛。
④ 语见《论语·公冶长》。

征于事物，而非徒托空言以为明道也。曾子真积力久，则曰"一以贯之"，子贡多学而识，则曰"一以贯之"，非真积力久与多学而识，则固无所据为一之贯也。训诂名物，将以求古圣之迹也，而侈记诵者如货殖之市矣；撰述文辞，欲以阐古圣之心也，而溺光采者如玩好之弄矣。异端曲学，道其所道而德其所德，固不足为斯道之得失也。记诵之学，文辞之才，不能不以斯道为宗主，而市且弄者之纷纷忘所自也。宋儒①起而争之，以谓是皆溺于器而不知道也，夫溺于器而不知道者，亦即器而示之以道斯可矣。而其弊也，则欲使人舍器而言道。夫子教人"博学于文"，而宋儒则曰"玩物而丧志"；曾子教人"辞远鄙倍"，而宋儒则曰"工文则害道"。夫宋儒之言，岂非末流良药石哉？然药石所以攻脏腑之疾耳，宋儒之意，似见疾在脏腑，遂欲并脏腑而去之。将求性天，乃薄记诵而厌辞章，何以异乎？然其析理之精，践履之笃，汉、唐之儒

---

① 宋儒，一般指北宋邵雍、周敦颐、程颐、程颢和南宋朱熹等，他们提倡理学，后人概称之为"宋儒"。

未之闻也。孟子曰："义理之悦我心，犹刍豢之悦我口。"义理不可空言也，博学以实之，文章以达之，三者合于一，庶几哉周、孔之道虽远，不啻累译而通矣。顾经师互诋，文人相轻，而性理诸儒，又有朱、陆①之同异。从朱从陆者之交攻，而言学问与文章者又逐风气而不悟，庄生所谓"百家往而不反，必不合矣"②，悲夫！

---

① 朱、陆，指朱熹、陆九渊。朱熹，南宋人，字元晦，又字仲晦，号晦庵、晦翁、遁翁，又自称云谷老人，沧洲病叟，又别称紫阳、考亭。他主张排除私欲、物欲，穷究事物之所以然与所当然。陆九渊，字子静，因曾在贵溪象山讲学，号象山先生。曾与朱熹在江西上饶鹅湖寺会晤，二人学术见解不合。朱熹重"道问学"，陆九渊重"尊德性"，宗旨各异。从此，理学分为朱、陆二家，各分门户，互相攻击。
② 语见《庄子·天下》。

原学上

  《易》曰："成象之谓乾，效法之谓坤。"[1]学也者，效法之谓也；道也者，成象之谓也。夫子曰："下学而上达。"[2]盖言学于形下之器，而自达于形上之道也。"士希贤，贤希圣，圣希天。"[3]希贤希圣，则有其理矣。"上天之载，无声无臭。"圣如何而希天哉？盖天之生人，莫不赋之以仁、义、礼、智之性，天德也；莫不纳之于君臣、父子、夫妇、兄弟、朋友之伦，天位也。以天德而修天位，虽事物未交隐微之地，已有适当其可，而无过与不及之准

---

① 语见《易·系辞上》。
② 语见《论语·宪问》。
③ 语见北宋周敦颐《通书》。校订者按：《通书》原文作"圣希天，贤希圣，士希贤"。

焉，所谓成象也。平日体其象，事至物交一如其准以赴之，所谓效法也。此圣人之希天也，此圣人之下学上达也。伊尹曰："天之生斯民也，使先知觉后知，使先觉觉后觉也。"①人生禀气不齐，固有不能自知适当其可之准者，则先知先觉之人从而指示之，所谓教也。教也者，教人自知适当其可之准，非教之舍己而从我也。故士希贤，贤希圣，希其效法于成象，而非舍己之固有而希之也。然则何以使知适当其可之准欤？何以使知成象而效法之欤？则必观于生民以来，备天德之纯而造天位之极者，求其前言往行，所以处夫穷变通久者而多识②之，而后有以自得所谓成象者，而善其效法也。故效法者，必见于行事。《诗》《书》诵读，所以求效法之资，而非可即为效法也。

然古人不以行事为学，而以《诗》《书》诵读为学者，何邪？盖谓不格物而致知，则不可以诚意，行则如其知而出之也。故以诵读为学者，推教

---

① 语见《孟子·万章上》。
② 识，zhì，记住。

者之所及而言之，非谓此外无学也。子路曰："有民人焉，有社稷焉，何必读书，然后为学？"①夫子斥以为佞者，盖以子羔为宰，不若是说，非谓学必专于诵读也。专于诵读而言学，世儒之陋也。

---

① 《论语·先进》："子路使子羔为费宰。子曰：'贼夫人之子！'子路曰：'有民人焉，有社稷焉，何必读书，然后为学？'子曰：'是故恶夫佞者。'"

原学中

古人之学，不遗事物，盖亦治教未分，官师合一，而后为之较易也。司徒敷五教，典乐教胄子，以及三代之学校，皆见于制度。彼时从事于学者，入而呻其占毕[1]，出而即见政教典章之行事，是以学皆信而有征，而非空言相为授受也。然而其知易入，其行难副，则从古已然矣。尧之斥共工也，则曰："静言庸违。"[2]夫静而能言，则非不学者也。试之于事而有违，则与效法于成象者异矣。傅说之启

---

[1] 《礼·学记》："今之教者，呻其占毕。"郑玄注："呻，吟也；占，视也，简谓之毕。……言今之师，自不晓经之义，但吟诵其所视简之文。"一说，占，通"笘"，亦指简册。
[2] 语见《书·尧典》。庸，用。

高宗也，则曰："非知之艰，行之惟艰。"①高宗旧学于甘盘，久劳于外，岂不学者哉？未试于事，则恐行之而未孚也。又曰："人求多闻，时惟建事，学于古训乃有获。"②说虽出于古文③，其言要必有所受也。夫求多闻而实之以建事，则所谓学古训者，非徒诵说，亦可见矣。夫治教一而官师未分，求知易而实行已难矣。何况官师分，而学者所肄皆为前人陈迹哉！

夫子曰："学而不思则罔，思而不学则殆。"④又曰："吾尝终日不食，终夜不寝，以思，无益，不如学也。"⑤夫思，亦学者之事也。而别思于学，若

---

① 语见《书·说命》。

② 同上。

③ 古文，这里指秦以前用古文字书写的文献典籍。秦始皇焚书，《尚书》亡失。汉初，济南伏生口授晁错《尚书》二十八篇，称为"今文尚书"。后鲁恭王毁坏孔子旧宅，于壁中得竹简《尚书》，以科斗文写成，称为"古文尚书"，较《今文尚书》，多十六篇，晋元帝时，豫章内史梅赜献上一部标为孔安国"传"的《古文尚书》五十八篇，《大禹谟》《说命》等篇皆是其中篇目。其文字较《今文尚书》易读，故后儒多疑其为伪作。

④ 语见《论语·为政》。

⑤ 语见《论语·卫灵公》。

谓思不可以言学者，盖谓必习于事而后可以言学，此则夫子诲人知行合一之道也。诸子百家之言，起于徒思而不学也，是以其旨皆有所承禀而不能无敝耳。刘歆所谓某家者流，其源出于古者某官之掌，其流而为某家之学，其失而为某事之敝。夫某官之掌，即先王之典章法度也；流为某家之学，则官守失传，而各以思之所至自为流别也；失为某事之敝，则极思而未习于事，虽持之有故，言之成理，而不能知其行之有病也。是以三代之隆，学出于一，所谓学者，皆言人之功力也。统言之，"十年曰幼学"①是也。析言之，则"十三学乐，二十学礼"②是也。国家因人功力之名而名其制度，则曰乡学、国学、"学则三代共之"是也。未有以学属乎人，而区为品诣之名者。官师分而诸子百家之言起，于是学始因人品诣以名矣，所谓某甲家之学，某乙家之学是也。学因人而异名，学斯舛矣。是非行之过而至于此也，出于思之过也。故夫子言学思

---

① 语见《礼·曲礼上》。校订者按：原文作"人生十年曰幼，学"。
② 语见《礼·内则》。校订者按：原文作"十有三年，学乐，诵《诗》，舞勺。……二十而冠，始学礼"。

偏废之弊，即继之曰："攻乎异端，斯害也已。"①夫异端之起，皆思之过而不习于事者也。

---

① 语见《论语·为政》。

原学下

　　诸子百家之患，起于思而不学；世儒之患，起于学而不思。盖官师分而学不同于古人也。后王以谓儒术不可废，故立博士，置弟子[1]，而设科取士[2]，以为诵法先王者劝焉。盖其始也，以利禄劝儒术；而其究也，以儒术徇利禄。斯固不足言也，而儒宗硕师由此辈出，则亦不可谓非朝廷风教之所植也。

　　夫人之情不能无所歆而动，既已为之，则思

---

①　汉武帝时，丞相公孙弘奏立博士官，置弟子五十人。由各县长吏，选择十八岁以上为人孝悌、好文学的人，举荐给郡里，经郡守考察后，送至京师，到太常那里学习。一年后经考核，弟子中能通一艺以上的，补充文学掌故的空缺，成绩优异者可以为郎中。

②　唐代分科取士，有秀才、明经、进士、俊士、明法、明字、明算等五十余科，故称"科举"。其后只有进士一科，宋用帖括，明、清用八股试士，仍沿称"科举"。

力致其实而求副乎名，中人以上可以勉而企焉者
也。学校科举，奔走千百才俊，岂无什一出于中人
以上者哉？去古久远，不能学古人之所学，则既以
诵习儒业即为学之究竟矣。而攻取之难，势亦倍于
古人。故于专门攻习儒业者，苟果有以自见而非一
切庸俗所可几，吾无责焉耳。学博者长于考索，侈
其富于山海，岂非道中之实积？而骛于博者，终身
敝精劳神以徇之，不思博之何所取也。才雄者健于
属文，矜其艳于云霞，岂非道体之发挥？而擅于文
者，终身苦心焦思以构之，不思文之何所用也。言
义理者似能思矣；而不知义理虚悬而无薄，则义理
亦无当于道矣。此皆知其然而不知所以然也。程子
曰："凡事思所以然，天下第一学问。"人亦盍求所
以然者思之乎？

　　天下不能无风气，风气不能无循环，一阴一
阳之道见于气数者然也。所贵君子之学术，为能持
世而救偏，一阴一阳之道宜于调剂者然也。风气之
开也，必有所以取，学问、文辞与义理，所以不无
偏重畸轻之故也。风气之成也，必有所以敝，人情
趋时而好名，徇末而不知本也。是故开者虽不免于

偏，必取其精者为新气之迎；敝者纵名为正，必袭其伪者为末流之托。此亦自然之势也。而世之言学者，不知持风气而惟知徇风气，且谓非是不足邀誉焉，则亦弗思而已矣。

博约上

沈枫墀①以书问学，自愧通人广座，不能与之问答。余报之以学在自立，人所能者，我不必以不能愧也。因取譬于货殖，居布帛者不必与知粟菽，藏药饵者不必与闻金珠；患己不能自成家耳，譬市布而或阙于衣材，售药而或欠于方剂，则不可也。或曰：此即苏子瞻之教人读《汉书》法也，今学者多知之矣。余曰：言相似而不同，失之毫厘，则谬以千里矣。

或问苏君曰："公之博赡，亦可学乎？"苏君曰："可。吾尝读《汉书》矣，凡数过而尽之，如

---

① 沈枫墀，即沈在廷，清乾隆年间举人。其父沈业富，号既堂，乾隆年间进士，为章学诚的荐师。

兵、农、礼、乐，每过皆作一意求之，久之而后贯彻。"因取譬于市货，意谓货出无穷而操贾①有尽，不可不知所择云尔。学者多诵苏氏之言以为良法，不知此特寻常摘句，如近人之纂类策括者尔。问者但求博赡，固无深意，苏氏答之，亦不过经生决科之业，今人稍留意于应举业者，多能为之，未可进言于学问也。而学者以为良法，则知学者鲜矣。夫学必有所专，苏氏之意，将以班书为学欤？则终身不能竟其业也，岂数过可得而尽乎？将以所求之礼、乐、兵、农为学欤？则每类各有高深，又岂一过所能尽一类哉？就苏氏之所喻，比于操贾求货，则每过作一意求，是欲初出市金珠，再出市布帛，至于米粟药饵，以次类求矣。如欲求而尽其类欤？虽陶朱②、猗顿③之富，莫能给其贾④也。如约略其贾，而每种姑少收之，则是一无所成其居积也。苏

---

① 贾，gǔ，坐商。
② 陶朱，即范蠡，春秋时越国大夫，助越王勾践灭吴后，离越游齐，经商致富，家累千金，却一再散财给贫乏和疏远的兄弟，因居于陶（今山东定陶西北），自号陶朱公。
③ 猗顿，春秋时鲁人，经营盐业起家，富比王侯。
④ 贾，jià，价钱，后作"价"。

氏之言，进退皆无所据，而今学者方奔走苏氏之不暇，则以苏氏之言，以求学问则不足，以务举业则有余也。举业比户皆知诵习，未有能如苏氏之所为者，偶一见之，则固矫矫流俗之中，人亦相与望而畏之；而其人因以自命，以谓是学问，非举业也，而不知其非也。苏氏之学，出于纵横，其所长者，揣摩世务，切实近于有用，而所凭以发挥者，乃策论也。策对必有条目，论锋必援故实，苟非专门夙学，必须按册而稽。诚得如苏氏之所以读《汉书》者尝致力焉，则亦可以应猝备求，无难事矣。

韩昌黎曰："记事者必提其要，纂言者必钩其玄。"[1]钩玄提要，千古以为美谈，而韩氏所自为玄要之言，不但今不可见，抑且当日绝无流传，亦必寻章摘句，取备临文撷拾者耳。而人乃欲仿钩玄提要之意而为撰述，是亦以苏氏类求误为学问，可例观也。或曰：如子所言，韩、苏不足法欤？曰：韩、苏用其功力，以为文辞助尔，非以此谓学也。

---

[1] 语见韩愈《进学解》。

博约中

或曰：举业所以觇人之学问也。举业而与学问科殊，末流之失耳。苟有所备以俟举，即《记》之所谓博学强识①以待问也，宁得不谓之学问欤？

余曰：博学强识，儒之所有事也，以谓自立之基，不在是矣。学贵博而能约，未有不博而能约者也。以言陋儒荒俚，学一先生之言以自封域，不得谓专家也。然亦未有不约而能博者也。以言俗儒记诵，漫漶②至于无极，妄求遍物，而不知尧舜之知所不能也。博学强识，自可以待问耳。不知约守而只为待问设焉，则无问者，儒将无学乎？且问者固

---

① 识，zhì，记住。
② 漫漶，mànhuàn，弥漫无边。

将闻吾名而求吾实也。名有由立，非专门成学不可也，故未有不专而可成学者也。

或曰：苏氏之类求，韩氏之钩玄提要，皆待问之学也，子谓不足以成家矣。王伯厚氏①搜罗摘抉，穷幽极微，其于经传子史，名物制数，贯串旁骛，实能讨先儒所未备，其所纂辑诸书，至今学者资衣被焉，岂可以待问之学而忽之哉？

答曰：王伯厚氏盖因名而求实者也。昔人谓韩昌黎因文而见道，既见道则超乎文矣。王氏因待问而求学，既知学则超乎待问矣。然王氏诸书，谓之纂辑可也，谓之著述则不可也；谓之学者求知之功力可也，谓之成家之学术则未可也。今之博雅君子，疲精劳神于经传子史，而终身无得于学者，正坐宗仰王氏，而误执求知之功力以为学即在是尔。学与功力，实相似而不同。学不可以骤几，人当致攻乎功力则可耳。指功力以谓学，是犹指秫黍以谓酒也。

---

① 王伯厚，即王应麟，南宋人，学问渊博，著有《困学纪闻》《玉海》等书。

博约中

　　夫学有天性焉，读书服古之中，有入识最初，而终身不可变易者是也。学又有至情焉，读书服古之中，有欣慨会心，而忽焉不知歌泣何从者是也。功力有余而性情不足，未可谓学问也。性情自有而不以功力深之，所谓有美质而未学者也。夫子曰："发愤忘食，乐以忘忧，不知老之将至。"[①]不知孰为功力，孰为性情，斯固学之究竟，夫子何以致是？则曰："好古敏以求之者也。"今之俗儒，且憾不见夫子未修之《春秋》，又憾戴公得《商颂》而不存七篇之阙[②]，自以谓高情胜致，互相赞叹。充其僻见，且似夫子删修，不如王伯厚之善搜遗逸焉。盖逐于时趋，而误以襞绩[③]补苴谓足尽天地之能事也。幸而生后世也，如生秦火未毁以前，典籍具存，无事补辑，彼将无所用其学矣。

---

① 语见《论语·述而》。
② 周武王灭商后，封纣王的庶兄微子于宋，修其礼乐以奉商后。其后礼乐逐渐放失，到宋戴公时，其大夫正考父从周太师处得《商颂》十二篇。至孔子编《诗经》时又亡佚七篇。
③ 襞绩，bìjī，也作"襞襀""襞积"，指衣裙上的褶子。

博约下

或曰：子言学术，功力必兼性情，为学之方，不立规矩，但令学者自认资之所近与力能勉者而施其功力，殆即王氏良知①之遗意也。夫古者教学，自数与方名，诵《诗》舞勺②，各有一定之程，不问人之资近与否，力能勉否。而子乃谓人各有能有所不能，不相强也，岂古今人有异教与？

答曰：今人为学，不能同于古人，非才不相及也，势使然也。自官师分而教法不合于一，学者各以己之所能私相授受，其不同者一也。且官师既

① 王氏，即王守仁，字伯安，明朝人，因筑室于阳明洞中，学者称其为阳明先生，其学说以"致良知"为核心。
② 《礼·内则》："六年，教之数与方名，……十有三年，学乐，诵《诗》，舞勺。"

分，则肄习惟资简策，道不著于器物，事不守于职业，其不同者二也。故学失所师承，六书九数[1]，古人幼学皆已明习，而后世老师宿儒，专门名家，殚毕生精力求之，犹不能尽合于古，其不同者三也。天时人事，今古不可强同，非人智力所能为也。然而六经大义，昭如日星，三代损益，可推百世。高明者由大略而切求，沉潜者循度数而徐达。资之近而力能勉者，人人所有，则人人可自得也，岂可执定格以相强欤？王氏"致良知"之说，即孟子之遗言也。良知曰致，则固不遗功力矣。朱子欲人因所发而遂明，孟子所谓察识其端而扩充之，胥是道也。而世儒言学，辄以良知为讳，无亦惩于末流之失，而谓宗指果异于古所云乎？

或曰：孟子所谓扩充，固得仁义礼智之全体也。子乃欲人自识所长，遂以专其门而名其家，且戒人之旁骛焉，岂所语于通方之道欤？

---

[1] 《周礼·地官·保氏》："乃教之六艺，……五曰六书，六曰九数。"东汉郑玄注引郑众说："六书：象形、会意、转注、处事、假借、谐声也。九数：方田、粟米、差分、少广、商功、均输、方程、赢不足、旁要；今有重差、夕桀、勾股也。"

答曰：言不可以若是其几也。道欲通方，而业须专一，其说并行而不悖也。圣门身通六艺者七十二人，然自颜、曾、赐、商[1]，所由不能一辙。再传而后，荀卿[2]言《礼》，孟子长于《诗》《书》[3]，或疏或密，途径不同，而同归于道也。后儒途径所由寄，则或于义理，或于制数，或于文辞，三者其大较矣。三者致其一，不能不缓其二，理势然也。知其所致为道之一端，而不以所缓之二为可忽，则于斯道不远矣。徇于一偏而谓天下莫能尚，则出奴入主，交相胜负，所谓物而不化者也。是以学必求其心得，业必贵于专精，类必要于扩充，道必抵于全量，性情喻于忧喜愤乐，理势达于穷变通久，博而不杂，约而不漏，庶几学术醇固，而于守先待后之道，如或将见之矣。

---

① 颜，颜回，字子渊；曾，曾参，字子舆；赐，端木赐，字子贡；商，卜商，字子夏，皆孔子弟子。
② 荀卿，即荀子，名况，清代学者汪中认为其学术思想出于子夏、仲弓。
③ 孟子受业于子思的门徒。

浙东学术

　　浙东之学，虽出婺源[1]，然自三袁[2]之流，多宗江西陆氏，而通经服古，绝不空言德性，故不悖于朱子之教。至阳明王子揭孟子之良知，复与朱子牴牾。蕺山刘氏[3]本良知而发明慎独，与朱子不合，亦不相诋也。梨洲黄氏[4]出蕺山刘氏之门，而开万

---

① 婺源，这里指朱熹，朱熹是婺源人。
② 三袁，指袁燮、袁肃、袁甫父子三人。袁燮，字和叔，南宋鄞县（今浙江宁波）人，世称絜斋先生。长子袁肃，号晋斋；次子袁甫，字广微，号蒙斋。袁燮曾师事陆九渊，其子亦承家学。
③ 蕺山刘氏，即刘宗周，字起东，号念台，明朝山阴（今浙江绍兴）人，世称蕺山先生。其理学思想深受王阳明影响，以"慎独"为宗旨。
④ 梨洲黄氏，即黄宗羲，字太冲，号梨洲，明末余姚（今浙江余姚）人。师事刘宗周。著有《明儒学案》《宋元学案》。

氏弟兄①经史之学，以至全氏祖望②辈尚存其意，宗陆而不悖于朱者也。惟西河毛氏③，发明良知之学，颇有所得；而门户之见，不免攻之太过，虽浙东人亦不甚以为然也。

世推顾亭林氏④为开国儒宗，然自是浙西之学，不知同时有黄梨洲氏出于浙东，虽与顾氏并峙，而上宗王、刘，下开二万⑤，较之顾氏，源远而流长矣。顾氏宗朱而黄氏宗陆，盖非讲学专家各持门户之见者，故互相推服而不相非诋。学者不可无宗主，而必不可有门户，故浙东、浙西道并行而不悖也。浙东贵专家，浙西尚博雅，各因其习而习也。

---

① 万氏弟兄，指万斯大、万斯同兄弟，皆为黄宗羲弟子。万斯大，字充宗，清初鄞县（今浙江宁波）人。一生精于经学，尤精《春秋》、三《礼》。万斯同，字季野，熟读历代史书和各朝实录，以纂修明史为己任，世称石园先生。

② 全祖望，字绍衣，清朝鄞县人，世称谢山先生。曾补成《宋元学案》。

③ 西河毛氏，即毛奇龄，字大可，一字齐于，明末清初萧山（今浙江杭州）人，学者称西河先生。其学术思想宗尚王阳明，对于朱熹多有攻击。

④ 顾亭林，即顾炎武，字宁人，号亭林，明末清初昆山（今江苏苏州）人。学问渊博，主张"经世致用"，开创清代朴学风气。著有《日知录》《音学五书》等。

⑤ 二万，即万斯大、万斯同。

天人性命之学，不可以空言讲也，故司马迁本董氏天人性命之说而为经世之书。儒者欲尊德性，而空言义理以为功，此宋学之所以见讥于大雅也。夫子曰："我欲托之空言，不如见诸行事之深切著明也。"此《春秋》之所以经世也。圣如孔子，言为天铎，犹且不以空言制胜，况他人乎！故善言天人性命，未有不切于人事者。三代学术，知有史而不知有经，切人事也。后人贵经术，以其即三代之史耳。近儒谈经，似于人事之外，别有所谓义理矣。浙东之学，言性命者必究于史，此其所以卓也。

朱、陆异同，干戈门户，千古桎梏之府，亦千古荆棘之林也。究其所以纷纶，则惟腾空言而不切于人事耳。知史学之本于《春秋》，知《春秋》之将以经世，则知性命无可空言，而讲学者必有事事，不特无门户可持，亦且无以持门户矣。浙东之学，虽源流不异而所遇不同。故其见于世者，阳明得之为事功，蕺山得之为节义，梨洲得之为隐逸，万氏兄弟得之为经术史裁，授受虽出于一，而面目迥殊，以其各有事事故也。彼不事所事，而但空言德性，空言问学，则黄茅白苇，极面目雷同，不得不殊门户，以为自见地耳。故惟陋儒则争门户也。

　　或问：事功气节，果可与著述相提并论乎？曰：史学所以经世，固非空言著述也。且如六经同出于孔子，先儒以为其功莫大于《春秋》，正以切合当时人事耳。后之言著述者，舍今而求古，舍人事而言性天，则吾不得而知之矣。学者不知斯义，不足言史学也。整辑排比，谓之史纂；参互搜讨，谓之史考，皆非史学。

文德

凡言义理，有前人疏而后人加密者，不可不致其思也。古人论文，惟论"文辞"而已矣。刘勰氏出，本陆机氏说而昌论"文心"①；苏辙氏②出，本韩愈氏说③而昌论"文气"④，可谓愈推而愈精矣。未见有论"文德"者，学者所宜深省也。

夫子尝言"有德者必有言"⑤，又言"修辞立其

---

① 西晋陆机《文赋序》："余每观才士之所作，窃有以得其心。"刘勰《文心雕龙》之名就来自这句话。
② 苏辙，字子由，北宋文学家，苏轼的弟弟。
③ 韩愈《答李翊书》："气，水也；言，浮物也。水大而物之浮者大小毕浮。气之与言犹是也。气盛则言之短长与声之高下皆宜。"
④ 苏辙《上枢密韩太尉书》："文者，气之所形。然文不可以学而能，气可以养而致。"
⑤ 语见《论语·宪问》。校订者按：原文无"者"字，今据《论语·宪问》补"者"字。

诚"①；孟子尝论"知言""养气"，本乎"集义"；韩子亦言"仁义之途"，"《诗》《书》之源"②，皆言"德"也。今云未见论"文德"者，以古人所言，皆兼本末，包内外，犹合道德文章而一之；未尝就文辞之中言其有才、有学、有识，又有文之德也。

凡为古文辞者，必敬以恕。临文必敬，非修德之谓也；论古必恕，非宽容之谓也。敬非修德之谓者，气摄而不纵，纵必不能中节也。恕非宽容之谓者，能为古人设身而处地也。嗟乎！知德者鲜！知临文之不可无敬恕，则知文德矣。

昔者，陈寿《三国志》纪魏而传吴、蜀③，习凿齿为《汉晋春秋》，正其统矣④；司马《通鉴》仍陈氏之说⑤，朱子《纲目》又起而正之⑥。"是非之心，

---

① 语见《易·文言》。
② 韩愈《答李翊书》："行之乎仁义之途，游之乎《诗》《书》之源。"
③ 陈寿，字承祚，西晋人，撰《三国志》，列魏帝曹氏于本纪，蜀汉刘氏、吴国孙氏于列传，即尊曹魏为正统。
④ 习凿齿，字彦威，东晋人。当时桓温意图篡晋，习凿齿为此著《汉晋春秋》，书中以蜀汉为正统，曹魏为篡逆。该书今已亡佚。
⑤ 司马光《资治通鉴》，承袭陈寿《三国志》的观点，仍以曹魏为正统。
⑥ 朱熹据司马光《资治通鉴》作《资治通鉴纲目》，效仿《春秋》《左传》的体例，以"纲目"为体，"取举一纲而众目张之义"，朱熹完成"纲"的部分，其后传授给门人赵师渊完成"目"的部分。书中改以蜀汉为正统。

人皆有之"，不应陈氏误于先，而司马再误于其后，而习氏与朱子之识力偏居于优也。而古今之讥《国志》与《通鉴》者，殆于肆口而骂詈，则不知起古人于九原，肯吾心服否邪？陈氏生于西晋[①]，司马生于北宋[②]，苟黜曹魏之禅让[③]，将置君父于何地？而习与朱子，则固江东南渡之人也，惟恐中原之争天统也。此说前人已言。诸贤易地则皆然，未必识逊今之学究也。是则不知古人之世，不可妄论古人文辞也。知其世矣，不知古人之身处，亦不可以遽论其文也。身之所处，固有荣辱、隐显、屈伸、忧乐之不齐，而言之有所为而言者，虽有子[④]不知夫子之所谓，况生千古以后乎？圣门之论恕也，"己所不欲，勿施于人"，其道大矣。今则第为文人论古必

① 西晋（公元265—316年），建都洛阳，因在东晋都城建康（今江苏南京城区）的西北，史称"西晋"。

② 北宋（公元960—1127年），自宋太祖赵匡胤建隆元年到钦宗赵桓靖康二年，建都汴京（今河南开封）。位于北方，故称"北宋"。后高宗赵构南渡，建都临安（今浙江杭州），沿称"南宋"。

③ 晋受魏禅，宋受后周禅，与魏受汉禅相同。

④ 有子，即有若，字子有，孔子弟子，春秋时鲁人。《礼·檀弓》记载：曾子曾听孔子说："丧欲速贫，死欲速朽。"有子以为这不是"君子之言"。子游说"死欲速朽"是孔子针对桓魋而说的，"丧欲速贫"是孔子针对南宫敬叔而说的。

先设身，以是为文德之恕而已尔。

　　韩氏论文，"迎而拒之，平心察之"[1]，喻气于水，言为浮物。柳氏之论文也，"不敢轻心掉之"，"怠心易之"，"矜气作之"，"昏气出之"。[2]夫诸贤论心论气，未即孔、孟之旨，及乎天人性命之微也。然文繁而不可杀，语变而各有当。要其大旨，则临文主敬，一言以蔽之矣。主敬则心平而气有所摄，自能变化从容以合度也。夫史有三长，才、学、识也。[3]古文辞而不由史出，是饮食不本于稼穑也。夫识，生于心也；才，出于气也；学也者，凝心以养气，炼识而成其才者也。心虚难恃，气浮易弛，主敬者，随时检摄于心气之间，而谨防其一往不收之流弊也。夫缉熙敬止，圣人所以成始而成终也，其为义也广矣。今为临文检其心气，以是为文德之敬而已尔。

---

①　韩愈《答李翊书》："迎而拒之，平心而察之，其皆醇也，然后肆焉。"
②　柳宗元，字子厚，唐朝人。其《答韦中立论师道书》："故吾每为文章，未尝敢以轻心掉之，惧其剽而不留也；未尝敢以怠心易之，惧其弛而不严也；未尝敢以昏气出之，惧其昧没而杂也；未尝敢以矜气作之，惧其偃蹇而骄也。"
③　此句源出刘知幾"史才三长论"，载《新唐书·刘子玄传》。

文理

　　偶于良宇①案间见《史记》录本，取观之，乃用五色圈点，各为段落。反覆审之，不解所谓。询之良宇，哑然失笑，以谓己亦厌观之矣。其书云出前明归震川氏②，五色标识，各为义例，不相混乱。若者为全篇结构，若者为逐段精彩，若者为意度波澜，若者为精神气魄，以例分类，便于拳服揣摩，号为古文秘传。前辈言古文者，所为珍重授受，而

---

① 良宇，即左眉，字良宇，号静庵，清中期学者，安徽桐城人。著有《静庵文集》《静庵诗集》《尚书蔡传正讹》。——校订者注
② 归震川，即归有光，字熙甫，号震川，学者称为震川先生。在文学方面，主张学习唐宋文章的法度，反对王世贞、李攀龙等"文必秦汉"的观点，为有明一代大家。

不轻以示人者也。又云："此如五祖传灯^①，灵素受箓^②，由此出者，乃是正宗；不由此出，纵有非常著作，释子所讥为'野狐禅'^③也。余幼学于是，及游京师，闻见稍广，乃知文章一道，初不由此，然意其中或有一二之得，故不遽弃，非珍之也。"

余曰：文章一道，自元以前，衰而且病，尚未亡也。明人初承宋、元之遗，粗存规矩，至嘉靖、隆庆之间^④，晦蒙否塞，而文几绝矣。归震川氏生于是时，力不能抗王、李^⑤之徒，而心知其非，故斥凤洲以为庸妄，谓其创为秦、汉伪体，至并官名、

① 五祖，指佛教禅宗五祖弘忍大师，曾在东山寺（后改称"五祖寺"，位于今湖北黄梅）弘法。传灯，即传法，佛家认为佛的教旨可以破除迷暗，像灯照明一样。
② 灵素，即林灵素，北宋末年著名道士；箓，道教的秘文。徽宗时，林灵素借符箓欺世惑众，曾"令吏民诣宫受神霄秘箓"（《宋史·林灵素传》）。
③ 野狐禅，佛教禅宗对一些妄称开悟而流入邪僻者的讥讽语。
④ 嘉靖，明世宗年号；隆庆，明穆宗年号。嘉靖、隆庆之间，指公元1522—1572年。
⑤ 王、李，指王世贞、李攀龙。王世贞，字元美，号凤洲，又号弇州山人。李攀龙，字于鳞，号沧溟。二人皆主张复古，提出作文以秦、汉为宗，后世并称"王李"。又与谢榛、宗臣、梁有誉、吴国伦、徐中行合称"后七子"。

地名而改用古称，使人不辨作何许语，故直斥之曰"文理不通"，非妄言也。然归氏之文，气体清矣，而按其中之所得，则亦不可强索。故余尝书识其后，以为先生所以砥柱中流者，特以文从字顺，不汩没于流俗，而于古人所谓闳中肆外，言以声其心之所得，则未之闻尔。然亦不得不称为彼时之豪杰矣。但归氏之于制艺[1]，则犹汉之子长，唐之退之，百世不祧之大宗也。故近代时文家之言古文者，多宗归氏。唐宋八家[2]之选，人几等于五经四子，所由来矣。惟归、唐[3]之集，其论说文字，皆以《史记》为宗；而其所以得力于《史记》者，乃颇怪其不类。盖《史记》体本苍质，而司马才大，故运之以轻灵。今归、唐之所谓疏宕顿挫，其中无物，遂不免于浮滑，而开后人以描摩浅陋之习。故疑归、

---

[1] 制艺，即八股文。因其奉皇帝之命，依经书立义，代圣贤立言，故称"制艺"。

[2] 唐宋八家，即韩愈、柳宗元、欧阳修、苏洵、苏轼、苏辙、王安石、曾巩，为唐宋古文八大家。

[3] 归、唐，指归有光、唐顺之。唐顺之，明朝中叶著名文学家，字应德，学者称为荆川先生，在文学创作方面，主张学习唐宋文章法度，与归有光齐名。

唐诸子得力于《史记》者，特其皮毛，而于古人深际，未之有见。今观诸君所传五色订本，然后知归氏之所以不能至古人者，正坐此也。

夫立言之要，在于有物。古人著为文章，皆本于中之所见，初非好为炳炳烺烺，如锦工绣女之矜夸采色已也。富贵公子，虽醉梦中，不能作寒酸求乞语；疾痛患难之人，虽置之丝竹华宴之场，不能易其呻吟而作欢笑。此声之所以肖其心，而文之所以不能彼此相易，各自成家者也。今舍己之所求而摩古人之形似，是杞梁之妻善哭其夫①，而西家偕老之妇亦学其悲号；屈子自沉汨罗②，而同心一德之朝，其臣亦宜作楚怨也，不亦慎乎！

至于文字，古人未尝不欲其工。孟子曰："持其志无暴其气。"学问为立言之主，犹之志也；文

---

① 《孟子·告子下》："华周、杞梁之妻善哭其夫而变国俗。"杞梁，名殖，春秋时齐国大夫。公元前550年，齐庄公伐莒，杞梁战死。其妻到郊外迎接杞梁灵柩，伏尸痛哭，路过的行人见此，无不感同身受，为之挥泪。
② 汨，mì。汨罗，水名，即汨水和罗水，二水合流之后，称为汨罗江，在今湖南东北部。战国时，屈原见楚国政治腐败，无力挽救，遂投汨罗江，以身殉国。

章为明道之具，犹之气也。求自得于学问，固为文之根本；求无病于文章，亦为学之发挥。故宋儒尊道德而薄文辞，伊川先生谓工文则害道，明道先生谓记诵为玩物丧志，[1]虽为忘本而逐末者言之；然推二先生之立意，则持其志者不必无暴其气，而出辞气之远于鄙倍[2]，辞之欲求其达[3]，孔、曾皆为不闻道矣。但文字之佳胜，正贵读者之自得，如饮食甘旨，衣服轻暖，衣且食者之领受，各自知之，而难以告人。如欲告人衣食之道，当指脍炙而令其自尝，可得旨甘，指狐貉而令其自被，可得轻暖，则有是道矣。必吐己之所尝而哺人以授之甘，搂人之身而置怀以授之暖，则无是理也。

韩退之曰："记事者必提其要，纂言者必钩其玄。"其所谓钩玄提要之书，不特后世不可得而闻，虽当世籍、湜[4]之徒，亦未闻其有所见，果何

---

① 伊川先生，即程颐，字正叔；明道先生，即程颢，为程颐胞兄，字伯淳。兄弟二人同师从周敦颐，为北宋著名理学家。

② 《论语·泰伯》："曾子言曰：'……出辞气，斯远鄙倍矣。'"

③ 《论语·卫灵公》："子曰：'辞达而已矣。'"

④ 籍、湜，指张籍、皇甫湜。张籍，字文昌，唐朝著名诗人。皇甫湜，字持正，唐朝文学家。二人皆从韩愈学古文。

物哉？盖亦不过寻章摘句，以为撰文之资助耳。此等识记，古人当必有之。如左思十稔而赋《三都》，门庭藩溷，皆著纸笔，得即书之。①今观其赋，并无奇思妙想，动心骇魄，当藉十年苦思力索而成。其所谓得即书者，亦必标书志义，先掇古人菁英，而后足以供驱遣尔。然观书有得，存乎其人，各不相涉也。故古人论文，多言读书养气之功，博古通经之要，亲师近友之益，取材求助之方，则其道矣。至于论及文辞工拙，则举隅反三，称情比类，如陆机《文赋》、刘勰《文心雕龙》、钟嵘《诗品》②，或偶举精字善句，或品评全篇得失，令观之者得意文中，会心言外，其于文辞思过半矣。至于不得已而摘记为书，标识为类，是乃一时心之所会，未必出于其书之本然。比如怀人见月而思，月

① 左思，字太冲，西晋人。三都，即蜀都、吴都、魏都。《晋书·左思传》记载：左思"欲赋《三都》……乃诣著作郎张载访岷、邛之事。遂构思十年，门庭藩溷皆著笔纸，遇得一句，即便疏之"。写成后，"豪贵之家竞相传写，洛阳为之纸贵"。

② 钟嵘，字仲伟，南朝梁文学批评家。著《诗品》，专论五言诗，取汉、魏至梁103位诗人的作品，评论其优劣，分为上中下三品，每品各冠以小序，每人又加以评论，为我国诗评最早的专门著作。

岂必主远怀？久客听雨而悲，雨岂必有愁况？然而月下之怀，雨中之感，岂非天地至文？而欲以此感此怀藏为秘密，或欲嘉惠后学，以谓凡对明月与听霖雨，必须用此悲感方可领略，则适当良友乍逢及新昏宴尔之人，必不信矣。是以学文之事，可授受者规矩方圆，其不可授受者心营意造。至于纂类摘比之书，标识评点之册，本为文之末务，不可揭以告人，只可用以自志，父不得而与子，师不能以传弟。盖恐以古人无穷之书，而拘于一时有限之心手也。

律诗当知平仄，古诗宜知音节，顾平仄显而易知，音节隐而难察，能熟于古诗，当自得之。执古诗而定人之音节，亦音节变化，殊非一成之诗所能限也。赵伸符氏①取古人诗为《声调谱》，通人讥之，余不能为赵氏解矣。然为不知音节之人言，未尝不可生其启悟，特不当举为天下之式法尔。时文当知法度，古文亦当知有法度，时文法度显而易言，古文法度隐而难喻，能熟于古文，当自得之，执古文而示人以法度，则文章变化，非一成之文所

---

① 赵伸符，即赵执信，字伸符，号秋谷，清初诗人，著有《声调谱》。

能限也。归震川氏取《史记》之文，五色标识，以示义法，今之通人，如闻其事，必窃笑之，余不能为归氏解也。然为不知法度之人言，未尝不可资其领会，特不足据为传授之秘尔。据为传授之秘，则是郢人宝燕石①矣。

夫书之难以一端尽也，仁者见仁，智者见智。诗之音节，文之法度，君子以谓可不学而能，如啼笑之有收纵，歌哭之有抑扬，必欲揭以示人，人反拘而不得歌哭啼笑之至情矣。然使一己之见，不事穿凿过求，而偶然浏览，有会于心，笔而志之，以自省识，未尝不可资修辞之助也。乃因一己所见，而谓天下之人皆当范我之心手焉，后人或我从矣，起古人而问之，乃曰："余之所命，不在是矣。"毋乃冤欤！

---

① 郢人宝燕石，"郢"当作"宋"。《阙子》："宋之愚人得燕石于梧台之东，归而藏之，以为大宝。周客闻而观焉。……客见之，俯而掩口，卢胡而笑曰：'此燕石也，与瓦甓不殊。'"

质性

前人尚论，情文相生，由是论家喜论文情。不知文性实为元宰，离性言情，珠亡椟在。撰《质性》篇。

《洪范》三德，正直协中，刚柔互克，以剂其过与不及，是约天下之心知血气，聪明才力，无出于三者之外矣。孔子之教弟子，不得中行，则思狂狷，是亦三德之取材也。然而乡愿者流，貌似中行而讥狂狷，则非三德所能约也。孔、孟恶之为德之贼，盖与中行狂狷乱而为四也。乃人心不古而流风下趋，不特伪中行者乱三为四，抑且伪狂伪狷者流，亦且乱四而为六；不特中行不可希冀，即求狂狷之诚然，何可得耶？孟子之论知言，以为生心发政，害于其事。吾盖于撰述诸家，深求其故矣。其曼衍①为书，本无立言之旨，可弗论矣。乃有自命成家，按其宗旨，不尽无谓；而按以三德之实，则失其本性，而无当于古人之要道，所谓似之而非也。学者将求大义于古人，而不于此致辨焉，则始于乱三而六者，究且因三伪而亡三德矣。呜呼！质性之论，岂得已哉！

《易》曰："言有物而行有恒。"②《书》曰："诗言志。"③吾观立言之君子，歌咏之诗人，何其纷纷耶！求其物而不得也，探其志而茫然也，然而皆曰吾以立言也，吾以赋诗也。无言而有言，无诗而有诗，即其所谓物与志也。然而自此纷纷矣。

有志之士，矜其心，作其意，以谓吾不漫然有言也。学必本于性天，趣必要于仁义，称必归于《诗》《书》，功必及于民物，是尧、舜而非桀、纣，尊孔、孟而拒杨、墨。其所言者，圣人复起，不能易也。求其所以为言者，宗旨茫然也。譬如《彤

---

① 曼衍，变化无穷，无界限。
② 语见《易·家人》。
③ 语见《书·舜典》。

弓》《湛露》奏于宾筵，闻者以谓肄业及之也。[①]或曰：宜若无罪焉。然而子莫于焉执中[②]，乡愿于焉无刺也。惠子曰："走者东走，逐者亦东走，东走虽同，其东走之情则异。"[③]观斯人之所言，其为走之东欤，逐之东欤？是未可知也。然而自此又纷纷矣。

豪杰者出，以谓吾不漫然有言也，吾实有志焉，物不得其平则鸣也。观其称名指类，或如诗人之比兴，或如说客之谐隐，即小而喻大，吊古而伤时，嬉笑甚于裂眦，悲歌可以当泣，诚有不得已于所言者。以谓贤者不得志于时，发愤著书，以自表

---

① 《彤弓》《湛露》，皆《诗·小雅》篇名。《左传·文公四年》："卫宁武子来聘，公与之宴，为赋《湛露》及《彤弓》，不辞，又不答赋。使行人私焉。对曰：'臣以为肄业及之也。'"宁武子认为这两首诗应是天子为招待诸侯而吟咏，而不是诸侯为招待邻国大夫而吟咏。

② 《孟子·尽心上》："子莫执中。执中为近之。执中无权，犹执一也。"

③ 语见《韩非子·说林上》，原文作：慧子曰："狂者东走，逐者亦东走。其东走则同，其所以东走之为则异。故曰：'同事之人，不可不审察也。'"慧子，即惠子，名施，战国时宋人，名家代表人物之一。主张"合同异"，认为一切事物的差别，对立是相对的。——校订者注

见也，盖其旨趣不出于《骚》也。吾读骚人之言矣："纷吾有此内美，又重之以修能。"①太史迁曰："余读《离骚》，悲其志。"又曰："明道德之广崇，治乱之条贯，其志洁，其行廉，皭然泥而不滓，虽与日月争光可也。"②此贾之所以吊屈，而迁之所以传贾也，斯皆三代之英也。若夫托于《骚》以自命者，求其所以牢骚之故而茫然也。嗟穷叹老，人富贵而己贫贱也，人高第而己摈落也，投权要而遭按剑也，争势利而被倾轧也，为是不得志而思托文章于《骚》《雅》，以谓古人之志也；不知中人而下，所谓"齐心同所愿，含意而未伸"③者也。夫科举擢百十高第，必有数千贾谊痛哭以吊湘江，江不闻矣；吏部叙千百有位，必有盈万屈原搔首以赋《天

---

① 语见屈原《离骚》。原文作："纷吾既有此内美兮，又重之以修能。"

② 语见《史记·屈原贾生列传》。原文作："余读《离骚》《天问》《招魂》《哀郢》，悲其志。""明道德之广崇，治乱之条贯，靡不毕见。其文约，其辞微，其志洁，其行廉。……自疏濯淖污泥之中，蝉蜕于浊秽，以浮游尘埃之外，不获世之滋垢，皭然泥而不滓者也。推此志也，虽与日月争光可也。"皭，jiào，洁白。

③ 语见《古诗十九首·今日良宴会》。而，原文作"俱"。

问》①，天厌之矣。《孟子》曰："有伊尹之志则可，无伊尹之志则篡也。"吾谓牢骚者有屈、贾之志则可，无屈、贾之志则鄙也。然而自命为《骚》者且纷纷矣。

有旷观者从而解曰：是何足以介也！吾有所言，吾以适吾意也。人以吾为然，吾不喜也；人不以吾为然，吾不愠也。古今之是非，不欲其太明也；人我之意见，不欲其过执也，必欲信今垂后，又何为也？有言而启人争，不如无言之为愈也。是其宗旨，盖欲托于庄周之《齐物》②也。吾闻庄周之言曰："内圣外王之学，暗而不明"也，"百家往而不反，道术将裂"③也，"寓言十九，卮言日出"④。然

---

① 《天问》，《楚辞》篇名，屈原作。
② 《齐物》，即《齐物论》，《庄子》篇名。文中认为世间的万事万物，如是非、彼此、物我、夭寿等，归根结底都是相同的，没有什么差别。
③ 语见《庄子·天下》。原文作："是故内圣外王之道，暗而不明，……悲夫！百家往而不反，必不合矣！后世之学者，不幸不见天地之纯，古人之大体，道术将为天下裂。"
④ 语见《庄子·寓言》。原文作："寓言十九，重言十七，卮言日出，和以天倪。"郭象注："寓，寄也。以人不信己，故托之他人，十言而九见信也。""夫卮满则倾，空则仰，非持故也。况之于言，因物随变，唯彼之从，故曰日出，日出谓日新也。"

而稠适上遂，充实而不可以已[1]，则非无所持而漫为达观以略世事也。今附庄而称达者，其旨果以言为无用欤？虽其无用之说可不存也，即其无用之说将以垂教欤？则贩夫皂隶亦未闻其必蕲[2]有用也。豕腹饕饕，羊角戢戢，何尝欲明古今之是非，而执人我之意见也哉？怯之所以胜勇者，力有余而不用也；讷之所以胜辩者，智有余而不竞也。蛟龙战于渊而螾[3]蚁不知其胜负，虎豹角于山而狌狸不知其强弱，乃不能也，非不欲也。以不能而托于不欲，则夫妇之愚可齐上智也。然而遁其中者又纷纷矣。

《易》曰："一阴一阳之谓道。"阳变阴合，循环而不穷者，天地之气化也。人秉中和之气以生，则为聪明睿智；毗阴毗阳[4]，是宜刚克柔克，所以

---

① 语见《庄子·天下》。原文作："彼（指庄子）其充实，不可以已，……其于宗也，可谓稠适而上遂矣。"稠，tiáo，通"调"。稠适，调顺通达。

② 蕲，qí，通"祈"，求。

③ 螾，又写作"蚓"，蚯蚓。

④ 毗，pí，损伤。《庄子·在宥》："人大喜邪，毗于阳；大怒邪，毗于阴。"

贵学问也。骄阳渗①阴，中于气质，学者不能自克而以似是之非为学问，则不如其不学也。孔子曰："不得中行而与之，必也狂狷乎！狂者进取，狷者有所不为。"庄周、屈原，其著述之狂狷乎？屈原不能以身之察察受物之汶汶②，不屑不洁之狷也；庄周独与天地精神相往来而不傲倪③于万物，进取之狂也。昔人谓庄、屈之书，哀乐过人。盖言性不可见，而情之奇至如庄、屈，狂狷之所以不朽也。乡愿者流，托中行而言性天，剽伪易见，不足道也。于学见其人，而以情著于文，庶几狂狷可与乎！然而命骚者鄙，命庄者妄，狂狷不可见，而鄙且妄者纷纷自命也。夫情，本于性也；才，率于气也。累于阴阳之间者，不能无盈虚消息之机。才情不离乎血气，无学以持之，不能不受阴阳之移也。陶舞愠戚④，一身之内，环转无端而不自知。苟尽其理，虽

---

① 渗，lì，天地四时之气反常而起的破坏和危害作用。
② 汶，mén。汶汶，污辱。
③ 傲倪，又作"傲睨""敖睨"，这里指倨傲傍视，目空一切。
④ 《礼·檀弓》："人喜则斯陶，陶斯咏，咏斯犹，犹斯舞，舞斯愠，愠斯戚，戚斯叹，叹斯辟，辟斯踊矣。"

夫子愤乐①相寻，不过是也。其下焉者，各有所至，亦各有所通。大约乐至沉酣而惜光景，必转生悲；而忧患既深，知其无可如何，则反为旷达。屈原忧极，故有轻举远游，餐霞饮瀣②之赋；庄周乐至，故有后人不见天地之纯，古人大体之悲，此亦倚伏之至理也。若夫毗于阴者，妄自期许，感慨横生，贼夫骚者也；毗于阳者，猖狂无主，动称自然，贼夫庄者也。然而亦且循环未有已矣。

---

① 《论语·述而》："其为人也，发愤忘食，乐以忘忧，不知老之将至云尔。"
② 瀣，xiè，露水。

黠陋①

　　取蒲于董泽②，承考③于《长杨》④，矜谒者之通，著卜肆之应，人谓其黠也；非黠也，陋也。名者实之宾，徇名而忘实，并其所求之名而失之矣，质去而文不能独存也。太上忘名，知有当务而已，不必人之谓我何也。其次顾名而思义，天下未有苟以为我树名之地者，因名之所在，而思其所以然，则知

---

① 黠，xiá，狡猾。
② 《左传·宣公十二年》："（荀首）每射，抽矢，菆，纳诸厨子之房。厨子怒曰：'非子之求而蒲之爱，董泽之蒲，可胜既乎？'"董泽，在今山西闻喜县，是盛产蒲柳的沼泽。既，尽。取蒲于董泽，说的是董泽蒲柳多，取之不尽。
③ 考，亡父。
④ 《长杨》，指扬雄《长杨赋》。长杨，汉朝行宫名。文中讽喻汉成帝奢侈腐化的生活，言辞犀利，后人称其可"一而劝百"。

当务而可自勉矣。其次畏名而不妄为，尽其所知所能，而不强所不知不能。黠者视之，有似乎拙也，非拙也，交相为功也。最下徇名而忘实。

取蒲于董泽，何谓也？言文章者宗《左》《史》，《左》《史》之于文，犹六经之删述也。《左》因百国宝书，《史》因《尚书》《国语》及《世本》《国策》《楚汉春秋》诸记载①，己所为者十之一，删述所存十之九也，君子不以为非也。彼著书之旨，本以删述为能事，所以继《春秋》而成一家之言者，于是兢兢焉，事辞其次焉者也。古人不以文辞相矜私，史文又不可以凭虚而别构，且其所本者，并悬于天壤，观其入于删述之文辞，犹然各有其至焉，斯亦陶镕同于造化矣。吾观近日之文集，而不能无惑也。传记之文，古人自成一家之书，不以入集；后人散著以入集，文章之变也。既为集中之传

---

① 《汉书·司马迁传》："孔子因鲁史记而作《春秋》，而左丘明论辑其本事以为之传，又纂异同为《国语》。又有《世本》，录黄帝以来至春秋时帝王公侯卿大夫祖世所出。春秋之后，七国并争，秦兼诸侯，有《战国策》。汉兴伐秦定天下，有《楚汉春秋》。故司马迁据《左氏》《国语》，采《世本》《战国策》，述《楚汉春秋》，接其后事，讫于大汉。"

记，即非删述专家之书矣，笔所闻见，以备后人之删述，庶几得当焉。黠于好名而陋于知意者，窥见当世之学问文章而不能无动焉；度己之才力不足以致之，于是有见史家之因袭，而点次其文为传记，将以渊海其集焉，而不知其不然也。宣城梅氏之历算①，家有其书矣。裒录历议，书盈二卷，以为传而入文集，何为乎？退而省其私，未闻其于律算有所解识也。丹溪朱氏之医理②，人传其学矣。节钞医案，文累万言，以为传而入文集，何为乎？进而求其说，未闻其于方术有所辨别也。班固因《洪范》之传而述《五行》，因《七略》之书而叙《艺文》，班氏未尝深于灾祥，精于校雠也，而君子以谓班氏之删述，其功有补于马迁，又美班氏之删述，善于因人而不自用也。盖以《汉书》为庙堂，诸家学术，比于大镛鼖鼓之陈也。今为梅、朱作传者，似

---

① 宣城梅氏，指梅文鼎，字定九，清安徽宣城人。他精通历法、算术。著历算书七十余种，今传以承学堂所刻《梅氏丛书辑要》三十九种最为完备。
② 丹溪朱氏，指朱震亨，字彦修，元朝人，学者尊称其为"丹溪翁"。他精于医理，著有《格致余论》《局方发挥》《金匮钩玄》等。

羡宗庙百官之美富，而窃取庭燎①反坫②以为蓬户之饰也。虽然，亦可谓拙矣。经师授受，子术专家，古人毕生之业也。苟可猎取菁华以为吾文之富有，则四库典籍，犹董泽之蒲也，又何沾沾于是乎？

承考于《长杨》，何谓也？善则称亲，过则归己，此孝子之行，亦文章之体也。《诗》《书》之所称述，远矣。三代而后，史迁、班固，俱世为史，而谈、彪之业，亦略见于迁、固之叙矣。后人乃谓固盗父书而迁称亲善，由今观之，何必然哉？谈之绪论，仅见六家宗旨，至于留滞周南，父子执手歔欷，以史相授，仅著空文，无有实迹。至若彪著《后传》③，原委具存，而三纪论赞，明著彪说④，见家学之有所授受，何得如后人之所言，致启郑樵诬班

---

① 庭燎，庭中用来照明的火炬。《周礼·秋官·司烜氏》："凡邦之大事，共坟烛庭燎。"

② 反坫，即反爵之坫，为周代诸侯宴会之礼，互相敬酒之后，把空酒杯反置在坫上。坫，放置酒杯的土台，在两楹之间。

③ 《后汉书·班彪传》："武帝时，司马迁著《史记》，自太初以后，阙而不录，……彪乃继采前史遗事，傍贯异闻，作《后传》数十篇。"

④ 《汉书·元帝纪赞》颜师古引应劭注称："元、成帝纪，皆班固父彪所作，'臣'则彪自说也。"又《韦贤传》《翟方进传》《元后传》亦称"司徒掾班彪曰"。

氏以盗袭①之嫌哉？第史迁之叙谈，既非有意为略，而班固之述彪，亦非好为其详，孝子甚爱其亲，取其亲之行业而笔之于书，必肖其亲之平日，而身之所际不与也。吾观近日之文集而不能无惑焉。其亲无所称述欤？阙之可也。其亲仅有小善欤？如其量而录之，不可略而为漏，溢而为诬可也。黠于好名而陋于知意者，侈陈己之功绩，累牍不能自休，而曲终奏雅，则曰吾先人之教也。甚至敷张己之荣遇，津津有味其言，而赋卒为乱，则曰吾先德之报也。夫自叙之文过于扬厉，刘知几犹讥其言志不让，率尔见哂矣，况称述其亲，乃为自诩地乎？夫张汤②有后，史臣为荐贤者劝也，出之安世之口则悖矣；伯起③世德，史臣为清忠者幸也，出之秉、

---

① 郑樵《通志·总序》痛斥班固"全无学术专事剽窃"。

② 张汤，西汉人，武帝时拜太中大夫，以善治狱而闻名。后拜御史大夫，遭朱买臣等陷害，自杀。张汤之子张安世，字子孺，昭帝时被封为富平侯，官至大司马。《汉书·张汤传赞》："汤虽酷烈，及身蒙咎，其推贤扬善，固宜有后。"

③ 伯起，即杨震，东汉人，字伯起，通晓诸经，诸儒称其为关西孔子。官至太尉，以廉直著称，后被外戚陷害自杀。杨震的儿子杨秉、孙子杨赐、曾孙杨彪，皆显贵。《后汉书》称其"累叶载德"。

赐之书则舛矣。昔人谓《长杨》《上林》^①诸赋，侈陈游观，而末寓箴规，以谓讽一而劝百。斯人之文，其殆自诩百而称亲者一欤？

矜诐者之通，何谓也？国史叙诗，申明六义，盖诗无达言，作者之旨，非有序说，则其所赋不辨何谓也。今之《诗序》，以谓传授失其义则可也，谓无待于序不可也。《书》之有序，或者外史掌三皇五帝之书，当有篇目欤？今之《书序》，意亦经师授受之言，仿《诗序》而为者欤？读书终篇，则事理自见，故书虽无序，而书义未尝有妨也。且《书》故有序矣，训、诰之文，终篇记言，则必书事首简，以见训、诰所由作。是记事之《书》无需序，而记言之《书》本有序也。由是观之，序之有无，本于文之明晦，亦可见矣。吾观近日之文集，而不能无惑也。树义之文，或出前人所已言也，或其是非本易见也，其人未尝不知之。而必为之论著者，其中或亦有微意焉，或有所托而讽焉，或有所感而发焉，既不明言其故矣，必当序其著论之时世

---

① 《上林》，即司马相如《上林赋》。

与其所见闻之大略，乃使后人得以参互考质，而见所以著论之旨焉，是亦《书序》、训、诰之遗也。乃观论著之文，论所不必论者，十常居七矣。其中岂无一二出于有为之言乎？然如风《诗》之无序，何由知其微旨也。且使议论而有序，则无实之言类于经生帖括者，亦可稍汰焉，而人多习而不察也。至于序事之文，古人如其事而出之也。乃观后世文集，应人请而为传志，则多序其请之之人，且详述其请之之语。偶然为之，固无伤也；相习成风，则是序外之序矣。虽然，犹之可也。黠于好名而陋于知意者，序人请乞之辞，故为敷张扬厉以谀己也。一则曰：吾子道德高深，言为世楷，不得吾子为文，死者目不瞑焉。再则曰：吾子文章学问，当代宗师，苟得吾子一言，后世所征信焉。己则多方辞让，人又搏颡固求。凡斯等类，皆入文辞，于事毫无补益，而借人炫己，何其厚颜之甚邪！且文章不足当此，是诬死也；请者本无是言，是诬生也。若谓事之缘起不可不详，则来请者当由门者通谒，刺揭先投，入座寒温，包苴后馈，亦缘起也，曷亦详而志之乎？而谓一时请文称誉之辞，有异于是乎？

著卜肆之应，何谓也？著作降而为文集，有天运焉，有人事焉。道德不修，学问无以自立，根本蹶而枝叶萎，此人事之不得不降也。世事殊而文质变，人世酬酢，礼法制度，古无今有者，皆见于文章。故惟深山不出则已矣，苟涉乎人世，则应求取给，文章之用多而文体分，分则不能不出于文集。其有道德高深、学问精粹者，即以文集为著作，所谓因事立言也。然已不能不杂酬酢之事与给求之用也，若不得为子史专家，语无泛涉也。其误以酬酢给求之文为自立，而纷纷称集者，盖又不知其几矣。此则运会有然，不尽关于人事也。吾观近日之文集而不能无惑也。史学衰而传记多杂出，若东京以降，《先贤》《耆旧》诸传①，《拾遗》《搜神》诸记②，皆是也。史学废而文集入传记，若唐、宋以

---

① 《先贤》《耆旧》，指《先贤传》《耆旧传》。《隋书·经籍志》载有《海内先贤传》《四海耆旧传》《兖州先贤传》《徐州先贤传》《交州先贤传》《益部耆旧传》《陈留耆旧传》等，今多不传。

② 《拾遗》《搜神》，指《拾遗记》《搜神记》。《拾遗记》，一名《王子年拾遗记》，东晋王嘉撰，南朝梁萧绮加以整理。书中多宣传神仙方术，语多荒诞。《搜神记》，东晋干宝撰，书中集录古今神怪轶闻。今本已非原书，为后人辑录。

还，韩、柳志铭，欧、曾[1]序述，皆是也。负史才者，不得身当史任以尽其能事，亦当搜罗闻见，核其是非，自著一书，以附传记之专家。至不得已而因人所请，撰为碑、铭、序、述诸体，即不得不为酬酢应给之辞以杂其文指，韩、柳、欧、曾之所谓无可如何也。黮于好名而陋于知意者，度其文采不足以动人，学问不足以自立，于是思有所托以附不朽之业也，则见当世之人物事功，群相夸诩，遂谓可得而藉矣。藉之，亦似也；不知传记专门之撰述，其所识解又不越于韩、欧文集也，以谓是非碑志不可也。碑志必出子孙之所求，而人之子孙未尝求之也，则虚为碑志以入集，似乎子孙之求之，自谓庶几韩、欧也。夫韩、欧应人之求而为之，出于不得已。故欧阳自命在五代之史[2]，而韩氏欲诛奸谀于既死，发潜德之幽光，作唐之一经[3]，尚恨托之空

---

① 欧、曾，即欧阳修、曾巩，皆北宋著名文学家。
② 宋太祖时，薛居正撰《五代史》。宋仁宗时，欧阳修认为《五代史》繁琐失实，撰《五代史记》，后为区别，称先出的薛居正《五代史》为《旧五代史》，欧阳修《五代史记》为《新五代史》。
③ 韩愈《答崔立之书》："考贤人哲士之终始，作唐之一经，垂之于无穷，诛奸谀于既死；发潜德之幽光。"

言也。今以人所不得已而出之者，仰窥有余羡，乃至优孟①以摩之，则是词科之拟诰，非出于丝纶，《七林》之答问，不必有是言也，将何以征金石，昭来许乎？夫舍传记之直达而效碑志之旁通，取其似韩、欧耶？则是矉里也。取其应人之求为文望邪？则是卜肆也。昔者西施病心而矉②，里之丑妇，美而效之，富者闭门不出，贫者挈妻子而去之。贱工卖卜于都市，无有过而问者，则曰某王孙厚我，某贵卿神我术矣。

---

① 优孟，春秋时楚国艺人。优，倡优，扮演杂戏的人。后多用来指一味模仿，没有创造性。
② 西施，春秋时越国美女，越王勾践兵败后，将其进献给吴王夫差。矉，pín，通"颦"，皱眉。《庄子·天运》："故西施病心而矉其里。"

俗嫌

文字涉世之难，俗讳多也。退之遭李愬之毁[1]，《平淮西碑》本未略李愬功。欧阳辨师鲁之志[2]，从古解人鲜矣。往学古文于朱先生[3]，先生为《吕举人志》[4]。吕久困不第，每夜读甚苦。邻妇语其夫曰：

---

[1] 唐宪宗时，淮蔡作乱。宰相裴度力请讨贼。叛乱平定后，宪宗命韩愈撰《平淮西碑》。韩愈将淮蔡的平定归功于裴度。然而，当时是李愬先率军入蔡，故李愬对碑文内容愤愤不平。李愬的妻子为唐安公主的女儿，能够出入禁中，故向宪宗控诉碑辞不实。宪宗下诏令磨去韩愈撰写的碑文，命翰林学士段文昌重新撰文刻写。

[2] 欧阳修曾撰写《尹师鲁墓志铭》，尹师鲁的门生亲友认为该文过于简略，纷纷指责欧阳修，于是欧阳修特撰《论尹师鲁墓志》一文来辨明此事。

[3] 朱先生，即朱筠，字竹君，号笥河，清代著名学者，章学诚的老师。著有《笥河文集》。

[4] 《吕举人志》，指朱筠《庚午科举人吕君行状》。吕举人，即吕元龙，字鳞洲，一字慕堂，清乾隆年间举人。

"吕生读书声高而音节凄悲，岂其中有不自得邪？"其夫告吕，吕哭失声曰："夫人知我。假主文者能具夫人之聪，我岂久不第乎？"由是每读则向邻墙三揖。其文深表吕君不遇伤心，而当时以谓姚薄无男女嫌，则聚而议之。又为《某夫人志》，其夫教甥读书不率，挞之流血。太夫人护甥而怒，不食，夫人跪劝进食，太夫人怒批其颊，夫人怡色有加，卒得姑欢。其文于慈孝友睦，初无所间，而当时以谓妇遭姑挞，耻辱须讳，又笞甥挞妇，俱乖慈爱，则削而去之。余尝为《迁安县修城碑》，文中叙城久颓废，当时工程更有急者，是以大吏勘入缓工；今则为日更久，圮坏益甚，不容更缓。此乃据实而书，宜若无嫌。而当时阅者，以谓碑叙城之宜修，不宜更著勘缓工者以形其短。初疑其人过虑，其后质之当世号知文者，则皆为是说，不约而同。又尝为人撰《节妇传》，则叙其生际穷困，亲族无系援者，乃能力作自给，抚孤成立。而其子则云："彼时亲族不尽穷困，特不我母子怜耳。今若云云，恐彼负惭，且成嫌隙，请但述母氏之苦，毋及亲族不援。"此等拘泥甚多，不可更仆数矣。亦间有情形太逼，实难据法书者，不尽出拘泥也。又为朱先生撰《寿幛题辞》云："自癸巳罢学政归，门下从游，始为极盛。"而同人中有从游于癸巳前者，或愤作色曰："必于是后为盛，是我辈不足重乎？"又为梁文定[①]校注《年谱》云："公念嫂夫人少寡，终身礼敬如母，遇有拂意，必委曲以得其欢。"而或乃曰："嫂自应敬。今云念其少寡而敬，则是防嫂不终其节，非真敬也。"其他琐琐，为人所摘议者，不可具论，姑撮大略于此，亦可见文章涉世，诚难言矣。

夫文章之用，内不本于学问，外不关于世教，已失为文之质；而或怀挟偏心，诋毁人物，甚而攻发隐私，诬涅清白，此则名教中之罪人，纵幸免刑诛，天谴所必及也。至于是非所在，文有抑扬，比拟之余，例有宾主，厚者必云不薄，醇者必曰无疵，殆如赋诗必谐平仄，然后音调，措语必用助辞，然后辞达。今为醇厚著说，惟恐疵薄是疑，是文句必去焉哉乎也，而诗句须用全仄全平，虽周、孔复生，不能一语称完善矣。嗟乎！经世之业，不

---

① 梁文定，即梁国治，字阶平，清乾隆年间进士，谥号"文定"。

可以为涉世之文，不虞之誉，求全之毁，从古然矣。读古乐府形容蜀道艰难，太行诘屈，以谓所向狭隘，喻道之穷。不知文字一途，乃亦崎岖如是！是以深识之士，黯默无言，自勒名山之业，将俟知者发之，岂与容悦之流较甘苦哉！

古文公式

　　古文体制源流，初学入门，当首辨也。苏子瞻《表忠观碑》，全录赵抃[①]奏议，文无增损，其下即缀铭诗。此乃汉碑常例，见于金石诸书者，不可胜载。即唐宋八家文中，如柳子厚《寿州安丰孝门碑》，亦用其例，本不足奇。王介甫[②]诧谓是学《史记·诸侯王年表》，真学究之言也。李耆卿谓其文学《汉书》，亦全不可解。此极是寻常耳目中事，诸公何至怪怪奇奇，看成骨董！且如近日市井乡

---

① 赵抃，即后文的赵清献，北宋人，字阅道。景祐年间进士。任殿中侍御史时，弹劾不避权贵，人称"铁面御史"。历知睦州、虔州、成都，后擢升参知政事，因反对王安石变法去职。卒号"清献"。
② 王介甫，即王安石，北宋文学家、政治家，字介甫，号半山。主张文章诗词"务为有补于世"。

间，如有利弊得失，公议兴禁，请官约法，立碑垂久，其碑即刻官府文书告谕原文，毋庸增损字句，亦古法也。岂介甫诸人，于此等碑刻犹未见耶？当日王氏门客之訾摘骇怪，更不直一笑矣。

以文辞而论，赵清献请修表忠观原奏，未必如苏氏碑文之古雅。史家记事记言，因袭成文，原有点窜涂改之法。苏氏此碑，虽似钞缮成文，实费经营裁制也。第文辞可以点窜，而制度则必从时。此碑篇首"臣扑言"三字，篇末"制曰可"三字，恐非宋时奏议上陈、诏旨下达之体；而苏氏意中，揣摩《秦本纪》"丞相臣斯昧死言"及"制曰可"等语太熟，则不免如刘知几之所讥，"貌同而心异"也。余昔修《和州志》，有《乙亥义烈传》，专记明末崇祯八年闯贼①攻破和州，官吏绅民男妇殉难之事，用记事本末之例，以事为经，以人为纬，详悉具载，而州中是非哄起。盖因闯贼怒拒守而屠城，被屠者之子孙，归咎于创议守城者陷害满城生命；

---

① 闯贼，指明朝末年高迎祥、李自成领导的农民起义军，因高迎祥自称"闯王"，李自成号为"闯将"，故明清朝廷多称之为"闯贼"。后建立大顺政权，攻陷北京。

又有著论指斥守城者部署非法，以致城陷；甚至有诬创议守城者缒城欲逃，为贼擒杀，并非真殉难者。余搜得凤阳巡抚朱大典[1]奏报和州失陷，官绅殉难情节，乃据江防州同申报，转据同在围城逃脱难民口述亲目所见情事，官绅忠烈，均不可诬。余因全录奏报，以为是篇之序。中间文字点窜，甚有佳处。然篇首必云："崇祯九年二月日，巡抚凤阳提督军务都察院右副都御史臣朱大典谨奏，为和城陷贼，官绅殉难堪怜，乞赐旌表，以彰义烈事。"其篇末云："奉旨，览奏悯恻，该部察例施行。"此实当时奏陈诏报式也。或谓中间奏文，既已删改古雅，其前后似可一例润色。余谓奏文辞句，并无一定体式，故可点窜古雅，不碍事理。前后自是当时公式，岂可以秦、汉之衣冠，绘明人之图像耶？苏氏《表忠观碑》，前人不知而相与骇怪，自是前人不学之过。苏氏之文本无可议，至人相习而不以为怪。其实不可通者，惟前后不遵公式之六字耳。夫

---

[1] 朱大典，字延之，崇祯八年（公元1635年）奉诏总督漕运兼巡抚庐、凤、淮、扬四郡，镇守凤阳。清兵南下后，回到故乡浙江金华固守，后城破自尽。

文辞不察义例，而惟以古雅为徇，则"臣抃言"三字，何如"岳曰于"三字更古？"制曰可"三字，何如"帝曰俞"三字更古？舍唐、虞而法秦、汉，未见其能好古也。

汪钝翁[①]撰《睢州汤烈妇旌门颂序》，首录巡按御史奏报，本属常例，无可訾，亦无足矜也。但汪氏不知文用古法，而公式必遵时制，秦、汉奏报之式，不可以改今文也。篇首著"监察御史臣粹然言"，此又读《表忠观碑》"臣抃言"三字太熟，而不知苏氏已非法也。近代章奏，篇首叙衔，无不称姓，亦公式也。粹然何姓，汪氏岂可因摩古而删之？且近代章奏，衔名之下必书"谨奏"，无称"言"者。一语仅四字而两违公式，不知何以为古文辞也？妇人有名者称名，无名者称姓，曰张曰李可也。近代官府文书，民间词状，往往舍姓而空称曰"氏"，甚至有称为"该氏"者，诚属俚俗不典；

---

① 汪钝翁，即汪琬，字苕文，号钝庵，晚号尧峰，清顺治年间进士。对《周易》《诗经》《尚书》《春秋》等皆有研究，尤擅诗及古文创作，与魏禧、侯方域齐名，并称三大家，有《钝翁类稿》《尧峰诗文钞》等。

然令无明文，胥吏苟有知识，仍称为张为李，官所不禁，则犹是通融之文法也。汪氏于一定不易之公式，则故改为秦、汉古款，已是貌同而心异矣。至于正俗通行之称谓，则又偏舍正而徇俗，何颠倒之甚耶？结句又云"臣谨昧死以闻"，亦非今制。汪氏平日以古文辞高自矜诩，而庸陋如此，何耶？汪之序文，于"臣粹然言"句下直起云"睢州诸生汤某妻赵氏，值明末李自成之乱"云云，是亦未善。当云"故明睢州诸生汤某妻赵氏，值李自成之乱"，于辞为顺。盖突起似现在之人，下句补出"值明末李自成"，文气亦近滞也。学文者当于此等留意辨之。

古文十弊

　　余论古文辞义例，自与知好诸君书凡数十通；笔为论著，又有《文德》《文理》《质性》《黠陋》《俗嫌》《俗忌》诸篇，亦详哉其言之矣。然多论古人，鲜及近世。兹见近日作者所有言论与其撰著，颇有不安于心，因取最浅近者条为十通，思与同志诸君相为讲明。若他篇所已及者不复述，览者可互见焉。此不足以尽文之隐，然一隅三反，亦庶几其近之矣。

　　一曰：凡为古文辞者，必先识古人大体，而文辞工拙又其次焉。不知大体，则胸中是非不可以凭，其所论次未必俱当事理，而事理本无病者，彼反见为不然而补救之，则率天下之人而祸仁义矣。有名士投其母氏行述，请大兴朱先生作志，叙其母

150

之节孝，则谓乃祖衰年病废卧床，溲便无时，家无次丁，乃母不避秽亵，躬亲薰濯，其事既已美矣。又述乃祖于时蹙然不安，乃母肃然对曰："妇年五十，今事八十老翁，何嫌何疑？"呜呼！母行可嘉，而子文不肖甚矣。本无芥蒂①，何有嫌疑？节母既明大义，定知无是言也。此公无故自生嫌疑，特添注以斡旋其事，方自以谓得体，而不知适如冰雪肌肤剜成疮痏②，不免愈濯愈痕瘢矣。人苟不解文辞，如遇此等，但须据事直书，不可无故妄加雕饰。妄加雕饰，谓之"剜肉为疮"，此文人之通弊也。

二曰：《春秋》书内不讳小恶。岁寒知松柏之后凋，然则欲表松柏之贞，必明霜雪之厉，理势之必然也。自世多嫌忌，将表松柏而又恐霜雪怀惭，则触手皆荆棘矣。但大恶讳，小恶不讳，《春秋》之书内事，自有其权衡也。江南旧家，辑有宗谱，有群从先世，为子聘某氏女，后以道远家贫，力不能婚，恐失婚时，伪报子殇，俾女别聘，其女

---

① 芥蒂，原指小梗塞物，引申比喻心中的嫌隙或不快。
② 剜，wān，挖。痏，wěi，疮。

遂不食死，不知其子故在。是于守贞殉烈，两无所处，而女之行事实不愧于贞烈，不忍泯也。据事直书，于翁诚不能无歉然矣。第《周官》媒氏①禁嫁殇，是女本无死法也。《曾子问》②：娶女有日而婿父母死，使人致命女氏。注谓恐失人嘉会之时，是古有辞昏之礼也。今制③：婿远游，三年无闻，听妇告官别嫁，是律有远绝离昏之条也。是则某翁诡托子殇，比例原情，尚不足为大恶而必须讳也。而其族人动色相戒，必不容于直书。则匿其辞曰："书报幼子之殇，而女家误闻以为婿也。"夫千万里外，无故报幼子殇，而又不道及男女昏期，明者知其无是理也，则文章病矣。人非圣人，安能无失？古人叙一人之行事，尚不嫌于得失互见也。今叙一人之事，而欲顾其上下左右前后之人皆无小疵，难矣！是之谓"八面求圆"，又文人之通弊也。

三曰：文欲如其事，未闻事欲如其文者也。尝见名士为人撰志，其人盖有朋友气谊，志文乃仿韩

---

① 媒氏，官名，属地官，掌管男女婚姻之事。
② 《曾子问》，《礼记》篇名。
③ 今制，指清朝律例。

昌黎之志柳州也，一步一趋，惟恐其或失也。中间感叹世情反复，已觉无病费呻吟矣。末叙丧费出于贵人，及内亲竭劳其事。询之其家，则贵人赠赙稍厚，非能任丧费也，而内亲则仅一临穴而已，亦并未任其事也。且其子俱长成，非若柳州之幼子孤露，必待人为经理者也。诘其何为失实至此，则曰："仿韩志柳墓，终篇有云：'归葬费出观察使裴君行立。'又：'舅弟卢遵既葬子厚，又将经纪其家。'附纪二人，文情深厚，今志欲似之耳。"余尝举以语人，人多笑之。不知临文摹古，迁就重轻，又往往似之矣。是之谓"削趾适屦"，又文人之通弊也。

四曰：仁智为圣，夫子不敢自居[①]；瑚琏名器，子贡安能自定[②]？称人之善，尚恐不得其实；自作品题，岂宜夸耀成风耶？尝见名士为人作传，自云："吾乡学者，鲜知根本，惟余与某甲，为功于经术耳。"所谓某甲，固有时名，亦未见必长经术

---

① 事见《孟子·公孙丑上》。
② 事见《论语·公冶长》。

也。作者乃欲援附为名，高自标榜，恧^①矣！又有江湖游士，以诗著名，实亦未足副也。然有名实远出其人下者，为人作诗集序，述人请序之言曰："君与某甲齐名，某甲既已弁言，君乌得无题品？"夫齐名本无其说，则请者必无是言。而自诩齐名，藉人炫己，颜颊不复知忸怩矣！且经援服、郑^②，诗攀李、杜^③，犹曰高山景仰；若某甲之经，某甲之诗，本非可恃，而犹藉为名。是之谓"私署头衔"，又文人之通弊也。

五曰：物以少为贵，人亦宜然也。天下皆圣贤，孔孟亦弗尊尚矣。清言自可破俗，然在典午^④，则滔滔皆是也。前人讥《晋书》列传同于小说，正

---

① 恧，nǜ，惭愧。

② 服、郑，指服虔、郑玄。服虔，字子慎，东汉经学家，著有《春秋左氏传解谊》。郑玄，字康成，东汉经学家。受业于马融，著书共百余万言。今存《毛诗笺》《周礼注》《仪礼注》《礼记注》等。

③ 李、杜，指李白、杜甫。李白，字太白，号青莲居士。杜甫，字子美，号杜陵布衣，又号少陵野老。二人皆为唐代著名诗人，并称"李杜"。

④ 典午，原指司马官职，这里代指晋朝。"典"与"司"都有掌管的意思，"午"在十二生肖中与"马"相配，于是用"典午"暗指司马。晋朝皇帝姓司马，后来"典午"又成为晋朝的代称。

以采掇清言,多而少择也。立朝风节,强项①敢言,前史侈为美谈。明中叶后,门户朋党,声气相激,谁非敢言之士!观人于此,君子必有辨矣,不得因其强项申威,便标风烈,理固然也。我宪皇帝②澄清吏治,裁革陋规,整饬官方,惩治贪墨,实为千载一时。彼时居官,大法小廉,殆成风俗,贪冒之徒,莫不望风革面,时势然也。今观传志碑状之文,叙雍正年府州县官,盛称杜绝馈遗,搜除积弊,清苦自守,革除例外供支,其文洵不愧于《循吏传》③矣。不知彼时逼于功令,不得不然,千万人之所同,不足以为盛节,岂可见奄寺而颂其不好色哉?山居而贵薪木,涉水而宝鱼虾,人知无是理也,而称人者乃独不然。是之谓"不达时势",又

---

① 强项,刚直不屈。东汉董宣为洛阳令,杀了曾白日杀人的湖阳公主的仆从。光武帝大怒,命令小黄门挟持董宣,强制董宣向湖阳公主叩头谢罪。董宣两手撑地,不肯俯首。光武帝敕曰:"强项令出!"
② 宪皇帝,指清世宗爱新觉罗·胤禛,公元1722—1735年在位,年号雍正,谥号宪皇帝。
③ 《循吏传》,最早见于司马迁《史记》中的《循吏列传》,后为历代史书承袭,成为正史记述中的固定体例。循,顺从、遵守;循吏,指顺理守法的官吏。

文人之通弊也。

六曰：史既成家，文存互见，有如《管晏列传》而勋详于《齐世家》，张耳分题而事总于《陈余传》，非惟命意有殊，抑亦详略之体所宜然也。若夫文集之中，单行传记，凡遇牵联所及，更无互著之篇，势必加详，亦其理也。但必权其事理，足以副乎其人，乃不病其繁重尔。如唐平淮西，《韩碑》归功裴度，可谓当矣。后中谗毁，改命于段文昌，千古为之叹惜。但文昌徇于李愬，愬功本不可没，其失犹未甚也。假令当日无名偏裨，不关得失之人，身后表阡，侈陈淮西功绩，则无是理矣。朱先生尝为编修蒋君撰志[①]，中叙国家前后平定准、回要略，则以蒋君总修方略，独力勤劳，书成身死，而不得叙功故也。然志文雅健，学者慕之。后见某中书舍人死，有为作家传者，全袭《蒋志》原文，

---

① 蒋君，即蒋雍植，清朝人，字秦树，号渔村，又号待园。曾在乾隆年间担任平定准噶尔方略馆纂修官。奉命总办《平定准噶尔方略》一书，他日以继夜，将繁杂的材料加以详尽地整理，历经数年努力才编撰完成。但在上奏前夕蒋雍植却因积劳成疾溘然长逝，故该书未将蒋雍植列为编修。

盖其人尝任分纂数月，于例得列衔名者耳，其实于书未寓目也。是与无名偏裨居淮西功，又何以异？而文人喜于摭事，几等军吏攘功，何可训也？是之谓"同里铭旌"。昔有夸夫[1]，终身未膺一命，好袭头衔，将死，遍召所知，筹计铭旌题字。或徇其意，假藉例封、待赠、修职、登仕诸阶，彼皆掉头不悦。最后有善谐者，取其乡之贵显，大书勋阶师保殿阁部院某国某封某公同里某人之枢，人传为笑。故凡无端而影附者，谓之"同里铭旌"，不谓文人亦效之也，是又文人之通弊也。

七曰：陈平佐汉，志见社肉[2]；李斯亡秦，兆端厕鼠[3]。推微知著，固相士之玄机；搜间传神，亦文家之妙用也。但必得其神志所在，则如图画名

---

① 夸夫，喜欢自我夸大的人。
② 《史记·陈丞相世家》："陈丞相平者，……里中社，平为宰，分肉食甚均。父老曰：'善！陈孺子之为宰。'平曰：'嗟乎！使平得宰天下，亦如是肉矣。'"
③ 《史记·李斯列传》："（李斯）年少时，为郡小吏，见吏舍厕中鼠食不洁，近人犬，数惊恐之。斯入仓，观仓中鼠，食积粟，居大庑之下，不见人犬之忧。于是李斯乃叹曰：'人之贤不肖譬如鼠矣，在所自处耳！'"

家，颊上妙于增毫。^①苟徒慕前人文辞之佳，强寻猥琐以求其似，则如见桃花而有悟，遂取桃花作饭，其中岂复有神妙哉？又近来学者，喜求征实，每见残碑断石，余文剩字，不关于正义者，往往藉以考古制度，补史缺遗，斯固善矣。因是行文，贪多务得，明知赘余非要，却为有益后世推求，不惮辞费。是不特文无体要，抑思居今世而欲备后世考征，正如董泽矢材，可胜既乎？夫传人者文如其人，述事者文如其事，足矣。其或有关考征，要必本质所具，即或闲情逸出，正为阿堵传神^②。不此之务，但知市菜求增，是之谓"画蛇添足"，又文人之通弊也。

八曰：文人固能文矣，文人所书之人，不必尽能文也。叙事之文，作者之言也，为文为质，惟其所欲，期如其事而已矣。记言之文，则非作者之言也，为文为质，期于适如其人之言，非作者所能自

① 《晋书·文苑传》记载：顾恺之"尝图裴楷象，颊上加三毛，观者觉神明殊胜"。
② 《世说新语·巧艺》："顾长康画人，或数年不点目精。人问其故，顾曰：'四体妍媸，本无关于妙处，传神写照，正在阿堵中。'"

主也。贞烈妇女，明诗习礼，固有之矣。其有未尝学问，或出乡曲委巷，甚至佣妪鬻婢，贞节孝义，皆出天性之优，是其质虽不愧古人，文则难期于儒雅也。每见此等传记，述其言辞，原本《论语》《孝经》，出入《毛诗》《内则》，刘向之传[①]，曹昭之诫[②]，不啻自其口出，可谓文矣。抑思善相夫者，何必尽识鹿车[③]鸿案[④]？善教子者，岂皆熟记画荻[⑤]丸熊[⑥]？自文人胸有成竹，遂致闺修皆如板印。与其文而失实，何如质以传真也？由是推之，名将起于卒伍，义侠或奋阁间，言辞不必经生，记述贵于宛

---

① 刘向之传，指西汉刘向《列女传》。
② 曹昭之诫，指班昭《女诫》。班昭，东汉人，班固之妹。嫁曹世叔，故又称曹昭。丈夫亡故后，汉和帝多次召班昭入宫，做皇后、贵人的教师，又被称为"曹大家"。
③ 《后汉书·鲍宣妻传》："妻乃悉归侍御服饰，更著短布裳，与宣共挽鹿车归乡里。"鹿车，古代用人力推挽的小车。古时多以之比喻夫妻同心，安贫乐道。
④ 鸿案，比喻夫妻和好相敬。《后汉书·梁鸿传》："（梁鸿）为人赁春，每归，妻为具食，不敢于鸿前仰视，举案齐眉。"
⑤ 画荻，歌颂母教的典故。《宋史·欧阳修传》："修四岁而孤，母郑，守节自誓，亲诲之学。家贫，至以荻画地学书。"
⑥ 丸熊，歌颂母教的典故。《新唐书·柳仲郢传》："母韩即皋女也，善训子，故仲郢幼嗜学，尝和熊胆丸，使夜咀咽以助勤。"

肖。而世有作者，于斯多不致思，是之谓"优伶演剧"。盖优伶歌曲，虽耕氓役隶，矢口皆叶宫商，是以谓之戏也。而记传之笔，从而效之，又文人之通弊也。

九曰：古人文成法立，未尝有定格也。传人适如其人，述事适如其事，无定之中，有一定焉。知其意者，旦暮遇之；不知其意，袭其形貌，神弗肖也。往余撰和州故给事《成性志传》，性以建言著称，故采录其奏议。然性少遭乱离，全家被害，追悼先世，每见文辞，而《猛省》之篇尤沉痛，可以教孝，故于终篇全录其文。其乡有知名士赏余文曰："前载如许奏章，若无《猛省》之篇，譬如行船，鹢首①重而舵楼轻矣。今此斄尾②，可谓善谋篇也。"余戏诘云："设成君本无此篇，此船终不行耶？"盖塾师讲授《四书》文义，谓之时文，必有法度以合程式。而法度难以空言，则往往取譬以示蒙学。拟于房室，则有所谓间架结构；拟于身

① 鹢，yì。鹢首，船头。古代在船头画鹢鸟，故称。
② 斄，lán。斄尾，末尾。

体，则有所谓眉目筋节；拟于绘画，则有所谓点睛添毫；拟于形家，则有所谓来龙结穴。随时取譬，习陋成风，然为初学示法，亦自不得不然，无庸责也。惟时文结习，深锢肠腑，进窥一切古书古文，皆此时文见解，动操塾师启蒙议论，则如用象棋枰布围棋子，必不合矣。是之谓"井底天文"，又文人之通弊也。

十曰：时文可以评选，古人经世之业，不可以评选也。前人业评选之，则亦就文论文可耳。但评选之人，多非深知古文之人。夫古人之书，今不尽传，其文见于史传。评选之家，多从史传采录。而史传之例，往往删节原文以就隐括①，故于文体所具，不尽全也。评选之家，不察其故，误谓原文如是，又从而为之辞焉。于引端不具而截中径起者，诩谓发轫之离奇；于刊削余文而遽入正传者，诧为篇终之崭峭。于是好奇而寡识者，转相叹赏，刻意追摹，殆如左氏所云"非子之求，而蒲之爱"矣。

---

① 隐括，又作"隐栝"，原指矫正竹木弯曲的工具。后引申指就原有文章的内容、情节，加以剪裁或修改。

有明中叶以来，一种不情不理，自命为古文者，起不知所自来，收不知所自往，专以此等出人思议夸为奇特，于是坦荡之涂，生荆棘矣。夫文章变化，侔于鬼神，斗然而来，戛然而止，何尝无此景象？何尝不为奇特？但如山之岩峭，水之波澜，气积势盛，发于自然；必欲作而致之，无是理矣。文人好奇，易于受惑，是之谓"误学邯郸"①，又文人之通弊也。

---

① 误学邯郸，比喻错误地模仿。《汉书·叙传》："昔有学步于邯郸者，曾未得其仿佛，又复失其故步，遂匍匐而归耳。"

史德

才、学、识，三者得一不易，而兼三尤难。千古多文人而少良史，职是故也。昔者刘氏子玄，盖以是说谓足尽其理矣。虽然，史所贵者义也，而所具者事也，所凭者文也。孟子曰："其事则齐桓、晋文，其文则史，义则夫子自谓窃取之矣。"非识无以断其义，非才无以善其文，非学无以练其事，三者固各有所近也，其中固有似之而非者也。记诵以为学也，辞采以为才也，击断以为识也，非良史之才学识也。虽刘氏之所谓才学识，犹未足以尽其理也。

夫刘氏以谓有学无识，如愚估操金，不解贸化。推此说以证刘氏之指，不过欲于记诵之间，知所抉择以成文理耳。故曰：古人史取成家，退处士而进奸雄，排死节而饰主阙，亦曰一家之道然也。此犹文士之识，非史识也。能具史识者，必知史德。

德者何？谓著书者之心术也。夫秽史者所以自秽，谤书者所以自谤，素行为人所羞，文辞何足取重！魏收之矫诬①，沈约之阴恶②，读其书者，先不信其人，其患未至于甚也。所患夫心术者，谓其有君子之心而所养未底于粹也。夫有君子之心而所养未粹，大贤以下所不能免也，此而犹患于心术，自非夫子之《春秋》不足当也。以此责人，不亦难乎？是亦不然也。

盖欲为良史者，当慎辨于天人之际，尽其天而不益以人也。尽其天而不益以人，虽未能至，苟允知之，亦足以称著书者之心术矣。而文史之儒竞言才学识而不知辨心术，以议史德，乌乎可哉？夫

---

① 魏收，字伯起，北齐人。奉诏撰《魏史》，《北史·魏收传》记载："收颇急，不甚能平，夙有怨者，多没其善。每言：'何物小子，敢共魏收作色！举之则使上天，按之当使入地。'……于是众口喧然，号为'秽史'。"

② 沈约，字休文，南朝梁人。撰《宋书》，刘知幾《史通·采撰》认为沈约作《宋书》时"故造奇说"，"多出谤言"，"助桀为虐、幸人之灾"。

是尧、舜而非桀、纣，人皆能言矣；崇王道而斥霸功，又儒者之习故矣。至于善善而恶恶，褒正而嫉邪，凡欲托文辞以不朽者，莫不有是心也。然而心术不可不虑者，则以天与人参，其端甚微，非是区区之明所可恃也。

夫史所载者事也，事必藉文而传。故良史莫不工文，而不知文又患于为事役也。盖事不能无得失是非，一有得失是非，则出入予夺相奋摩矣，奋摩不已，而气积焉。事不能无盛衰消息，一有盛衰消息，则往复凭吊生流连矣，流连不已，而情深焉。凡文不足以动人，所以动人者气也；凡文不足以入人，所以入人者情也。气积而文昌，情深而文挚；气昌而情挚，天下之至文也。然而其中有天有人，不可不辨也。气得阳刚而情合阴柔，人丽阴阳之间，不能离焉者也。气合于理，天也；气能违理以自用，人也。情本于性，天也；情能汩性以自恣，人也。史之义出于天，而史之文不能不藉人力以成之。人有阴阳之患，而史文即忤于大道之公，其所感召者微也。

夫文非气不立，而气贵于平。人之气，燕居

莫不平也，因事生感，而气失则宕，气失则激，气失则骄，毗于阳矣。文非情不得，而情贵于正。人之情，虚置无不正也，因事生感，而情失则流，情失则溺，情失则偏，毗于阴矣。阴阳伏沴之患，乘于血气而入于心知，其中默运潜移，似公而实逞于私，似天而实蔽于人，发为文辞，至于害义而违道，其人犹不自知也。故曰心术不可不慎也。

夫气胜而情偏，犹曰动于天而参于人也。才艺之士，则又溺于文辞，以为观美之具焉，而不知其不可也。史之赖于文也，犹衣之需乎采，食之需乎味也。采之不能无华朴，味之不能无浓淡，势也。华朴争而不能无邪色，浓淡争而不能无奇味，邪色害目，奇味爽口，起于华朴浓淡之争也。文辞有工拙，而族史方且以是为竞焉，是舍本而逐末矣。以此为文，未有见其至者；以此为史，岂可与闻古人大体乎？韩氏愈曰："仁义之人，其言蔼如。"[1] 仁者情之普，义者气之遂也。程子尝谓有《关雎》《麟

---

[1] 语见韩愈《答李翊书》。

趾》之意而后可以行《周官》之法度。吾则以谓通
六义比兴之旨，而后可以讲春王正月之书①，盖言心
术贵于养也。

　　史迁百三十篇，《报任安书》所谓"究天地之
际，通古今之变，成一家之言"，《自序》以谓"绍
名世，正《易传》，本《诗》《书》《礼》《乐》之
际"，其本旨也。所云发愤著书，不过叙述穷愁，
而假以为辞耳。后人泥于发愤之说，遂谓百三十篇
皆为怨诽所激发，王允②亦斥其言为谤书。于是后
世论文，以史迁为讥谤之能事，以微文为史职之大
权，或从羡慕而仿效为之，是直以乱臣贼子之居心
而妄附春秋之笔削，不亦悖乎！今观迁所著书，如
《封禅》之惑于鬼神，《平准》之算及商贩，③孝武④

---

① 春王正月之书，即《春秋》，《春秋》开端作："元年春王正月。"校
　订者按：一说"春王正月之书"指史书。
② 王允，字子师，东汉人。
③ 《封禅》《平准》，指《封禅书》《平准书》，皆《史记》篇名。
④ 孝武，指汉武帝刘彻，承文景之业，对内实行政治经济改革，对外
　用兵，开拓疆土，开创西汉军事政治经济文化的极盛时期。但迷信
　神仙，大兴土木，急征敛，重刑诛，连年用兵，使海内虚耗，人口
　减半。

之秕政也。后世观于相如之文①，桓宽之论②，何尝待史迁而后著哉？《游侠》《货殖》③诸篇，不能无所感慨，贤者好奇，亦洵有之。余皆经纬古今，折衷六艺，何尝敢于讪上哉？朱子尝言《离骚》不甚怨君，后人附会有过。吾则以谓史迁未敢谤主，读者之心自不平耳。夫以一身坎轲，怨诽及于君父，且欲以是邀千古之名，此乃愚不安分，名教中之罪人，天理所诛，又何著述之可传乎？夫《骚》与《史》，千古之至文也，其文之所以至者，皆抗怀于三代之英而经纬乎天人之际者也。所遇皆穷，固不能无感慨。而不学无识者流，且谓诽君谤主不妨尊为文辞之宗焉，大义何由得明，心术何由得正乎？夫子曰：《诗》可以兴。④说者以谓兴起好善恶恶之心也。好善恶恶之心，惧其似之而非，故贵平日

---

① 相如之文，指司马相如《封禅文》，歌颂大汉功德，建议汉武帝早日进行封禅之事。
② 桓宽，字次公，汉宣帝时举为郎。博通善文，撰成《盐铁论》，记录汉昭帝始元六年（公元前81年）御史大夫桑弘羊与从全国各地召集来的"贤良""文学"们辩论国家盐铁专卖之事。
③ 《游侠》《货殖》，指《游侠列传》《货殖列传》，均为《史记》列传。
④ 语见《论语·阳货》。

有所养也。《骚》与《史》，皆深于《诗》者也，言婉多风，皆不背于名教，而梏于文者不辨也。故曰必通六义比兴之旨，而后可以讲春王正月之书。

史释

　　或问《周官》府史①之史，与内史、外史、太史、小史、御史②之史，有异义乎？曰：无异义也。府史之史，庶人在官供书役者，今之所谓书史是也。五史则卿、大夫、士为之，所掌图书、纪载、命令、法式之事，今之所谓内阁六科、翰林中书之属是也。官役之分，高下之隔。流别之判，如霄壤矣。然而无异议者，则皆守掌故而以法存先王之道也。

　　史守掌故而不知择，犹府守库藏而不知计也。先王以谓太宰制国用，司会质岁之成，③皆有调剂盈

---

① 府史，《周礼》六官皆有府、史等属吏。府，掌管钱财出纳。史，掌管文书。

② 太史、小史、内史、外史、御史，《周礼·春官·宗伯》所提出的五史。

③ 太宰，《周礼》中为天官之长，辅佐帝王治理国家。司会，《周礼》中天官冢宰的属官，辅佐太宰主管财政经济。

虚、均平秩序之义，非有道德贤能之选不能任也，故任之以卿士、大夫之重。若夫守库藏者，出纳不敢自专，庶人在官足以供使而不乏矣。然而卿士、大夫讨论国计，得其远大，若问库藏之纤悉，必曰府也。

五史之于文字，犹太宰、司会之于财货也。典、谟、训、诰，曾氏以谓唐、虞、三代之盛，载笔而纪，亦皆圣人之徒①，其见可谓卓矣。五史以卿士、大夫之选，推论精微；史则守其文诰、图籍、章程、故事而不敢自专。然而问掌故之委折，必曰史也。

夫子曰："民可使由之，不可使知之。"②先王道法，非有二也。卿士、大夫能论其道，而府史仅守其法，人之知识，有可使能与不可使能尔，非府史所守之外，别有先王之道也。夫子曰："俎豆之事，则尝闻之矣。"③曾子乃曰："君子所贵乎道

---

① 语见曾巩《〈南齐书〉目录序》。曾氏，即曾巩，字子固，北宋人，学者称为南丰先生。
② 语见《论语·泰伯》。
③ 语见《论语·卫灵公》。

者三，……笾豆之事，则有司存。"①非曾子之言异于夫子也，夫子推其道，曾子恐人泥其法也。子贡曰："文武之道，未坠于地，在人。……夫子焉不学，亦何常师之有？"②入太庙，每事问，则有司、贱役、巫祝、百工，皆夫子之所师矣。问礼问官，岂非学于掌故者哉？故道不可以空诠，文不可以空著。三代以前，未尝以道名教，而道无不存者，无空理也；三代以前，未尝以文为著作，而文为后世不可及者，无空言也。盖自官师治教分，而文字始有私门之著述，于是文章学问，乃与官司掌故为分途，而立教者可得离法而言道体矣。《易》曰："苟非其人，道不虚行。"学者崇奉六经，以谓圣人立言以垂教。不知三代盛时，各守专官之掌故，而非圣人有意作为文章也。

传曰："礼，时为大。"③又曰："书同文。"④盖言贵时王之制度也。学者但诵先圣遗言，而不达时

---

① 语见《论语·泰伯》。
② 语见《论语·子张》。
③ 语见《礼·礼器》。
④ 语见《礼·中庸》。

王之制度，是以文为鞶帨①绨绣②之玩，而学为斗奇射覆③之资，不复计其实用也。故道隐而难知，士大夫之学问文章，未必足备国家之用也；法显而易守，书吏所存之掌故，实国家之制度所存，亦即尧、舜以来因革损益之实迹也。故无志于学则已，君子苟有志于学，则必求当代典章以切于人伦日用，必求官司掌故而通于经术精微，则学为实事而文非空言，所谓有体必有用也。不知当代而言好古，不通掌故而言经术，则鞶帨之文，射覆之学，虽极精能，其无当于实用也审矣。

孟子曰："力能举百钧而不足举一羽，明足察秋毫之末而不见舆薪。"难其所易而易其所难，谓失权度之宜也。学者昧今而博古，荒掌故而通经术，是能胜《周官》卿士之所难而不知求府史之所易也。故舍器而求道，舍今而求古，舍人伦日用而求学问精微，皆不知府史之史通于五史之义者也。

---

① 鞶帨，pánshuì，大带与佩巾。扬雄《法言·寡见》："今之学也，非独为之华藻也，又从而绣其鞶帨。"
② 绨，chī，细葛布；绨绣，古代贵族礼服上的刺绣。
③ 射覆，猜测覆盖之物，是古代的一种游戏。

以吏为师，三代之旧法也。秦人之悖于古者，禁《诗》《书》而仅以法律为师耳。三代盛时，天下之学，无不以吏为师。《周官》三百六十，天人之学备矣。其守官举职而不坠天工者，皆天下之师资也。东周以还，君师政教不合于一，于是人之学术，不尽出于官司之典守。秦人以吏为师，始复古制，而人乃狃于所习，转以秦人为非耳。秦之悖于古者多矣，犹有合于古者，以吏为师也。

孔子曰："生乎今之世，反古之道，灾及其身者也。"[①]李斯请禁《诗》《书》，以谓儒者是古而非今，其言若相近而其意乃大悖，后之君子不可不察也。夫三王不袭礼，五帝不沿乐。不知礼时为大而动言好古，必非真知古制者也。是不守法之乱民也，故夫子恶之。若夫殷因夏礼，百世可知。损益虽曰随时，未有薄尧、舜而诋斥禹、汤、文、武、周公而可以为治者。李斯请禁《诗》《书》，君子以谓愚之首也。后世之去唐、虞、三代，则更远

---

① 语见《礼·中庸》。

矣。要其一朝典制，可以垂奕世^①而致一时之治平
者，未有不于古先圣王之道得其仿佛者也。故当代
典章，官司掌故，未有不可通于《诗》《书》六艺
之所垂。而学者昧于知时，动矜博古，譬如考西
陵之蚕桑^②，讲神农之树艺，以谓可御饥寒而不须
衣食也。

---

① 奕，次第；奕世，即累世，指一代接一代世次相续。
② 西陵，原指黄帝时国名，这里代指黄帝之妻嫘祖。嫘祖为西陵氏之
　女，神话传说中称其是种桑养蚕治丝的创始人。

方志立三书议

　　凡欲经纪一方之文献，必立三家之学，而始可以通古人之遗意也。仿纪传正史之体而作志，仿律令典例之体而作掌故，仿《文选》《文苑》之体而作文征。三书相辅而行，阙一不可；合而为一，尤不可也。惧人以谓有意创奇，因假推或问以尽其义。

　　或曰：方志之由来久矣，未有析而为三书者，今忽析而为三，何也？曰：明史学也。贾子尝言：古人治天下，至纤至析。[①]余考之于《周官》，而知古人之于史事，未尝不至纤析也。"外史掌四方之

---

① 　贾子，即贾谊。校订者按：语出贾谊《论积贮疏》，原文作："古之治天下，至纤至悉也。"

志"，注谓若晋《乘》、鲁《春秋》、楚《梼杌》之
类，是一国之全史也。而行人又献五书[1]，太师又陈
风诗[2]，详见《志科议》，此但取与三书针对者。是王朝之
取于侯国，其文献之征，固不一而足也。苟可阙其
一，则古人不当设是官；苟可合而为一，则古人当
先有合一之书矣。

或曰：封建罢为郡县，今之方志，不得拟于古
国史也。曰：今之天下，民彝物则，未尝稍异于古
也。方志不得拟于国史，以言乎守令之官，皆自吏
部迁除，既已不世其家，即不得如侯封之自纪其元
于书耳。其文献之上备朝廷征取者，岂有异乎？人
见春秋列国之自擅，以谓诸侯各自为制度，略如后
世割据之国史，不可推行于方志耳。不知《周官》
之法，乃是同文共轨之盛治；侯封之禀王章，不异
后世之郡县也。

---

① 《周礼·秋官》："小行人掌邦国宾客之礼籍，以待四方之使者。……
其万民之利害为一书，其礼俗政事教治刑禁之逆顺为一书，其悖逆
暴乱作慝犹犯令者为一书，其札丧凶荒厄贫为一书，其康乐和亲安
平为一书。凡此五物者，每国辨异之，以反命于王。"
② 太师，古代乐官之长，属春官宗伯。校订者按：《礼·王制》："命
大师陈诗，以观民风。"

古无私门之著述，六经皆史也。后世袭用而莫之或废者，惟《春秋》《诗》《礼》三家之流别耳。纪传正史，《春秋》之流别也；掌故典要，官礼之流别也；文征诸选，风《诗》之流别也。获麟绝笔以还，后学鲜能全识古人之大体，必至积久然后渐推以著也。马《史》、班《书》以来，已演《春秋》之绪矣。刘氏《政典》①、杜氏《通典》，始演官礼之绪焉。吕氏《文鉴》、苏氏《文类》，始演风《诗》之绪焉。并取括代为书，互相资证，无空言也。

或曰：文中子②曰：圣人述史有三，《书》《诗》与《春秋》也。今论三史，则去《书》而加《礼》，文中之说，岂异指欤？曰：《书》与《春秋》本一家之学也。《竹书》虽不可尽信，编年盖古有之矣。《书》篇乃史文之别具，古人简质，未尝合撰纪传耳。左氏以传翼经，则合为一矣。其中辞命，即训、诰之遗也；所征典实，即贡、范之类也。

---

① 刘秩，字祚卿，刘知幾之子，撰有《政典》。校订者按：《政典》采撷经史百家所载，仿《周礼》六官分职体例。
② 文中子，即王通。校订者按：文中子为隋朝王通的私谥，其所著书亦名《文中子》。

故《周书》讫平王,《秦誓》乃附侯国之书。而《春秋》托始于平王,明乎其相继也。左氏合而马、班因之,遂为史家一定之科律,殆如江、汉分源而合流,不知其然而然也。后人不解,而以《尚书》《春秋》分别记言记事者,不知六艺之流别者也。若夫官礼之不可阙,则前言已备矣。

或曰:《乐》亡而《书》合于《春秋》,六艺仅存其四矣。既曰六经皆史矣,后史何无演《易》之流别欤?曰:古治详天道而简于人事,后世详人事而简于天道,时势使然,圣人有所不能强也。上古云鸟纪官①,命以天时,唐、虞始命以人事。《尧典》详命羲、和②,《周官》保章③,仅隶春官之中秩,此可推其详略之概矣。《易》之为书也,开物成务,圣人神道设教,作为神物,以前民用,羲、农、黄帝不相袭,夏、商、周代不相沿,盖以治历明时,同为一朝之创制,作新兆人之耳目者也。后

---

① 《左传·昭公十七年》:"黄帝氏以云纪,故为云师而云名……少皞挚之立也,凤鸟适至,故纪于鸟,为鸟师而鸟名。"

② 羲、和,指羲氏、和氏,唐、虞时掌管天地四时的官。

③ 保章,即保章氏,古代掌管观测、记录天象变异的官,属春官宗伯。

世惟以颁历授时为政典，而占时卜日为司天之官守焉。所谓天道远而人事迩，时势之不得不然，是以后代史家，惟司马犹掌天官[1]，而班氏以下，不言天事也。

或曰：六经演而为三史，亦一朝典制之巨也。方州蕞尔之地，一志足以尽之，何必取于备物欤？曰：类例不容合一也。古者天子之服，十有二章，公、侯、卿大夫、士差降[2]，至于玄裳一章，斯为极矣。然以为贱，而使与冠履并合为一物，必不可也。前人于六部[3]卿监，盖有志矣。然吏不知兵，而户不侵礼，虽合天下之大，其实一官之偏，不必责以备物也。方州虽小，其所承奉而施布者，吏、户、礼、兵、刑、工，无所不备，是则所谓具体而微矣。国史于是取裁，方将如《春秋》之藉资于百国宝书也，又何可忽欤？

---

① 《史记·太史公自序》：“太史公学天官于唐都。”又：“太史公既掌天官，不治民。”
② 古代天子冕服十二章，公九章，侯伯七章，子男五章，以下递减，至玄裳一章。校订者按：章，古代君臣礼服上的图案。
③ 六部，古代中央官制，即吏部、户部、礼部、兵部、刑部、工部。

或曰：自有方志以来，未闻国史取以为凭也。今言国史取裁于方志，何也？曰：方志久失其传，今之所谓方志，非方志也。其古雅者，文人游戏，小记短书，清言丛说而已耳；其鄙俚者，文移案牍，江湖游乞，随俗应酬而已耳。搢绅先生每难言之。国史不得已，而下取于家谱、志状、文集、记述，所谓礼失求诸野也。然而私门撰著，恐有失实，无方志以为之持证，故不胜其考核之劳，且误信之弊，正恐不免也。盖方志亡而国史之受病也久矣。方志既不为国史所凭，则虚设而不得其用，所谓"觚不觚"[①]也，方志乎哉！

或曰：今三书并立，将分向来方志之所有而析之欤？抑增方志之所无而鼎立欤？曰：有所分，亦有所增，然而其义难以一言尽也。史之为道也，文士雅言与胥吏簿牍，皆不可用，然舍是二者，则无所以为史矣。孟子曰：其事、其文、其义，《春秋》之所取也。即簿牍之事，而润以尔雅之文，而断之以义，国史、方志，皆《春秋》之流别也。譬之人

---

① 语见《论语·雍也》。

身，事者其骨，文者其肤，义者其精神也。断之以义而书始成家，书必成家而后有典有法、可诵可识，乃能传世而行远。故曰：志者，志也，欲其经久而可记也。

或曰：志既取簿牍以为之骨矣，何又删簿牍而为掌故乎？曰：说详《亳州掌故》之例议矣。今复约略言之：马迁八书①皆综核典章，发明大旨者也。其《礼书》例曰："笾豆之事，则有司存"，此史部书志之通例也。马迁所指为有司者，如叔孙朝仪②，韩信军法③，萧何律令④，各有官守而存其掌故，史文不能一概而收耳。惜无刘秩、杜佑其人，别删掌故而裁为典要，故求汉典者，仅有班《书》，而名数不能如唐代之详，其效易见也。则别删掌故以辅

---

① 八书，指《史记》的《礼书》《乐书》《律书》《历书》《天官书》《封禅书》《河渠书》《平准书》。

② 叔孙，即叔孙通，为汉高祖定朝仪。朝仪制定出来后，朝堂果然井然有序，见此，汉高祖说："吾乃今日知为皇帝之贵也！"（《史记·叔孙通传》）《史记·礼书》称叔孙通"颇有所增益减损，大抵皆袭秦故"。

③ 《汉书·艺文志》兵家有《韩信》三篇。

④ 《汉书·刑法志》称："相国萧何捃摭秦法，取其宜于时者，作律九章。"

志，犹《唐书》之有《唐会要》^①，《宋史》之有《宋会要》^②，《元史》之有《元典章》^③，《明史》之有《明会典》^④而已矣。

或曰：今之方志，所谓艺文，置书目而多选诗文，似取事言互证，得变通之道矣。今必别撰一书为文征，意岂有异乎？曰：说详《永清文征》之序例矣，今复约略言之：志既仿史体而为之，则诗文有关于史裁者，当入纪传之中，如班《书》传志所载汉廷诏疏诸文可也。以选文之例而为艺文志，是《宋文鉴》可合《宋史》为一书，《元文类》可

---

① 《唐会要》，宋王溥撰。唐德宗时，苏冕把唐高祖至德宗九朝的典章制度等辑录成《会要》四十卷。唐宣宗时，杨绍复等又将德宗至宣宗之事，编纂成《续会要》四十卷。北宋初，王溥在此基础上重新加以整理，补辑至唐末，成《唐会要》一百卷。该书对唐代各项制度沿革变迁，叙述颇为详核。

② 《宋会要》，宋代对会要编纂很重视，曾于秘书省设"会要所"专司其事，前后组织编纂十次，如宋王珪撰《国朝会要》三百卷，虞允文又撰《续国朝会要》三百卷，共成书二千二百余卷，因卷帙多未能刊行。

③ 《元典章》，全名为《大元圣政国朝典章》，元代官修，未署撰者姓名。记自元世祖即位（公元1260年）至元英宗至治二年（公元1322年）的典章制度。

④ 《明会典》，一百八十卷，明弘治年间李东阳、焦芳、杨廷和等奉敕修撰，记载明代典章制度。

合《元史》为一书矣，与纪传中所载之文，何以别乎？

或曰：选事仿于萧梁，继之《文苑英华》①与《唐文粹》②，其所由来久矣。今举《文鉴》《文类》始演风《诗》之绪，何也？曰：《文选》《文苑》诸家，意在文藻，不征实事也。《文鉴》始有意于政治，《文类》乃有意于故事，是后人相习久，而所见长于古人也。

或曰：方州文字无多，既取经要之篇入纪传矣，又辑诗文与志可互证者，别为一书，恐篇次寥寥无几许也。曰：既已别为一书，义例自可稍宽。即《文鉴》《文类》，大旨在于证史，亦不能篇皆绳以一概也；名笔佳章，人所同好，即不尽合于证史，未尝不可兼收也。盖一书自有一书之体例，《诗》教自与《春秋》分辙也。近代方志之艺文，

---

① 《文苑英华》，宋朝编纂的一部类书。宋太平兴国中，李昉、扈蒙、徐铉、宋白等奉敕编，苏易简、王祐等续修。此书上承《文选》，辑录南朝梁末至唐末作家二千二百余人，作品近两万篇，分赋、诗等三十八类。
② 《唐文粹》，北宋姚铉编。选录《文苑英华》中唐代古体诗、文、歌、赋，共一百卷。

其猥滥者，毋庸议矣；其稍有识者，亦知择取其有用，而慎选无多也。不知律以史志之义，即此已为滥收，若欲见一方文物之盛，虽倍增其艺文，犹嫌其隘矣。不为专辑一书，以明三家之学，进退皆失所据也。

或曰：《文选》诸体无所不备，今乃归于风《诗》之流别，何谓也？曰：说详《诗教》之篇矣。今复约略言之：《书》曰："《诗》言志。"古无私门之著述，经子诸史，皆本古人之官守，诗则可以惟意所欲言。唐、宋以前，文集之中无著述，文之不为义解经学、传记史学、论撰子家诸品者，古人始称之为文；其有义解、传记、论撰诸体者，古人称书，不称文也。萧统《文选》合诗文而皆称为文者，见文集之与诗，同一流别也。今仿选例而为文征，入选之文，虽不一例，要皆自以其意为言者，故附之于风《诗》也。

或曰：孔衍有《汉魏尚书》，王通亦有《续书》，皆取诏诰章疏，都为一集，亦《文选》之流也。然彼以衍《书》家，而不以入诗部，何也？曰：《书》学自左氏以后，并入《春秋》，孔衍、王通之徒不达其义而强为之，故其道亦卒不能行。譬犹后世，济水已入于河，而泥《禹贡》者，犹欲于荥泽、陶邱浚故道也。

或曰：三书之外，亦有相仍而不废者，如《通鉴》之编年，本末之纪事，后此相承，当如俎豆之不祧矣。是于六艺，何所演其流别欤？曰：是皆《春秋》之支别也。盖纪传之史，本衍《春秋》家学，而《通鉴》即衍本纪之文，而合其志传为一也。若夫纪事本末，其源出于《尚书》，而《尚书》中折而入于《春秋》，故亦为《春秋》之别也。马、班以下，代演《春秋》于纪传矣。《通鉴》取纪传之分，而合之以编年；纪事本末又取《通鉴》之合，而分之以事类，而因事命篇，不为常例，转得《尚书》之遗法。所谓事经屡变而反其初，贲饰所为受以剥，剥穷所为受以复也。[①]譬烧丹砂以为水银，取水银而烧之复为丹砂，即其理矣。此说别有专篇讨论，不具详也。此乃附论，非言方志。

---

① 《易·序卦》："贲者，饰也。致饰然后亨则尽矣，故受之以剥。剥者，剥也。物不可以终尽，剥穷上反下，故受之以复。"

　　或曰：子修方志，更于三书之外，别有丛谈一书，何为邪？曰：此征材之所余也。古人书欲成家，非夸多而求尽也。然不博览，无以为约取也。既约取矣，博览所余，拦入则不伦，弃之则可惜，故附稗野说部之流而作丛谈，犹经之别解，史之外传，子之外篇也。其不合三书之目而称四，何邪？三书皆经要，而丛谈则非必不可阙之书也。前人修志，则常以此类附于志后，或称余编，或称杂志，彼于书之例义，未见卓然成家，附于其后，故无伤也。既立三家之学，以著三部之书，则义无可借，不如别著一编为得所矣。《汉志》所谓小说家流，出于稗官，[1]街谈巷议，亦采风所不废云尔。

---

[1] 《汉书·艺文志》："小说家者流，盖出于稗官。街谈巷语，道听途说者之所造也。"如淳注："《九章》'细米为稗'，街谈巷说，其细碎之言也。王者欲知闾巷风俗，故立稗官使称说之。"校订者按：稗官，小官。

史篇别录例议

编年纪传，同出《春秋》，二家之书，各有其利与弊。刘知幾论之详矣。古书无多，读者精神易彻，故利易见而弊不甚著；后史江河日广，揽挹不易周详，利故未能遽领，而弊则至于不可胜言。是以治书之法，不可不熟议也。

纪传之书，类例易求而大势难贯。刘知几谓一事分书，或著事详某传，或标互见某篇，不胜繁琐，以为弊也。不知马、班创例，已不能周，后史相沿，皆其显而易见者耳。倘使通核全书，悉用其例，则不至于纪传互殊，前后矛盾，如校勘诸家所纠举者矣。刘氏不知其弊正由推例未广，顾反以为繁琐，所议未为中其弊也。

《春秋》经传不出一人，迁史以下，皆自以纪传为经纬矣。传以详纪，其文别自为篇可也，一篇之中，文辞自相委属，其体乃清。忽著事详某传，忽标互见某篇，于事虽曰求全，于文实为隔阂，前此经传子史，命辞无此例也。夫以局中之言，俾人循辞以得事，忽参局外之语，又复便人核事以参辞，势有未安，故刘氏以启其议尔。

史家自注之例，或谓始于班氏诸志，其实史迁诸表已有子注矣。表志中有名数，不系属辞，故大书分注，其道易行。纪传自以纯体属辞，例无自注。故历史纪传，凡事涉互详，皆以旁注之义同入正文。习久不察其非，无人敢于纠正，则有委巷小说，流俗传奇，每于篇之将终，必曰："要知后事如何，且听下回分解。"此诚搢绅先生鄙弃弗道者矣。而推原所受，何非事具某篇之作俑欤？

史以纪事者也，纪传之史，事同而人隔其篇，犹编年之史，事同而年异其卷也。左氏年次正文，忽入详具某年之句，人知无是理也。马、班纪传正文，遽曰详具某人之传，何以异乎？然杜氏①之治

---

① 杜氏，即杜预，字元凯，西晋人，著《春秋左传集解》。

《左》也，于事之先见者，注曰为某年某事张本；于事之后出者，注曰事见某公某年。乃知子注不入正文，则属辞既无扞格，而核事又易周详，斯无憾矣。马、班未见杜氏治《左》之例，而为是不得已，后人盍亦知所变通欤？

史以纪事者也，纪传纪年，区分类别，皆期于事有当而已矣。今于纪传之史，取其事见某传互见某篇之类，以其窜入正文，隔阂属辞义例，因而改为子注，洵足正史例矣。而于史之得以称事而无憾，犹未尽也。一朝大事，不过数端；纪传名篇，动逾百十。不特传文互涉，抑且表志载记无不牵连，逐篇散注，不过便人随事依检，至于大纲要领，观者茫然。盖史至纪传而义例愈精，文章愈富，而于事之宗要愈难追求，观者久已患之。故于纪传之史，必当标举事目，大书为纲，而于纪表志传与事连者，各于其类附注篇目于下，定著别录一编，冠于全书之首，俾览者如振衣之得领，张网之挈纲。治纪传之要义，未有加于此也。

纪传之最古者，如马、班、陈氏，各有心裁家学，分篇命意，不可以常例拘牵；如马之《老庄申韩》，班之《霍金》①《元后》②，陈之《夏侯诸曹》③之类。《春秋》微隐，难以貌求，不有别录以总其纲，则耳目为微文所蔽，而事迹亦隐而不章矣。

纪传之次焉者，如《晋》《隋》④《新唐》⑤之书，虽不出于一手，人并效其所长，全书不免牴牾；分篇各有其篇，所谓离之则双美，合之则两伤者，固其道矣。不有别录以总其纲，则同异因分手而殊，而载笔亦歧而难合矣。

纪传之最敝者，如《宋》《元》之史，人杂体猥，不可究诘，或一事而数见，或一人而两传，人至千名，卷盈数百；不有别录以总其纲，则手目穷于卷帙之繁，而篇次亦混而难考矣。

夫别录不特挈纪传之要，而且救纪传之穷。盖

---

① 《霍金》，指班固《汉书·霍光金日磾传》。
② 《元后》，指《汉书·元后传》。元后，即汉元帝皇后，她是王莽的姑姑。
③ 《夏侯诸曹》，指陈寿《三国志·诸夏侯曹传》，其中包括夏侯惇、夏侯渊、曹仁、曹洪、曹休、曹真、夏侯尚等人的传记。
④ 《隋》，即《隋书》，唐魏征等撰。序论为魏征自作；纪传五十五卷，由魏征、颜师古、孔颖达修撰。志三十卷，长孙无忌、于志宁、李淳风、韦安仁、李延寿等撰。
⑤ 《新唐》，即《新唐书》，北宋欧阳修、宋祁等撰。

史迁创例，非不知纪传分篇，事多散著，特其书自成家，详略互见，读者循熟其文，未尝不可因此而识彼也。降而《晋》《隋》，降而《宋》《元》，史家几忘书为纪事而作，纪表志传将以经纬一朝之事，而直视为科举程式，胥吏案牍，所谓不得不然之律令而已矣。诚得以事为纲，而纪表志传之与事相贯者，各注于别录，则详略可以互纠，而繁复可以检省。载笔之士，或可因是而恍然有悟于马、班之家学欤！

马、班篇叙之法亡，而后史乃于篇首为目录。刘知几之讥范史也，谓其列传题目全录姓名，历短行于卷中，丛细字于标外；其子孙附出者，注于祖先之下，乃类俗之文案孔目，药草经方。然如刘氏所讥，则必书尽马、班家学，人皆裴、应①专攻，然后约举篇名，首尾可挹，则范之繁注，诚多事矣。否则史传浩繁，端绪难究。昔项羽言"书足以

---

① 裴、应，指裴骃、应劭。裴骃，字龙驹，南朝宋人。采九经诸史及徐广《史记音义》，著《史记集解》一百三十卷。应劭，字仲远，东汉人。博学多识，平生著作十一种，现存《汉官仪》《风俗通义》等，颜师古注《汉书》多引其文。

记姓名"，言其粗也。今书具而求其姓名，博雅之儒犹且难竟，则别编目录而加以子注，实后史之不得不然者也。

人至数千，卷盈累百，目录子注，可以备寻检而不能得其要领，读之者知所苦也。作史者诚取目录子注之意，而稍从类别区分以为人物之表焉，则列传之繁不胜取，可以从并省者殆过半而犹未已矣。此说别有专篇。表以纬之，别录以经之，纪传之末流浸至于横溢，非是经纬以为之堤防焉，未有以善其后也。

纪传苦于篇分，别录联而合之，分者不终散矣。编年苦于年合，别录分而著之，合者不终混矣。盖枉欲矫而直欲揉，归于相济而已矣。

纪传之初，盖分编年之事实而区之以类者也。类则事有适从而寻求便易，故相沿不废；而纪传一体，遂超编年而为史氏之大宗焉。今之编年，则又合纪传之类，从而齐之以年者也。《春秋》经世，编年实史之正体，而世以纪传为大宗，盖取门类分而学者知所伦别耳。既合纪传为编年，而徇编年者遂忘其伦别，何以异于尝酒而忘黍穄软？

《易》曰:"云雷屯,君子以经纶。"郑氏以"纶"为"论",言论撰书礼乐施政事,则撰述之事,固取经纬相宣以显其义者也。故散者欲其联而和者欲其节,凡以言乎其经纶也。杜氏之治《左氏春秋》也,《集解》随文以经之,《释例》①别类以纶之,《春秋》经世之旨,若杜氏其庶几乎!杜氏生马、班之后,而左氏实为编年之大宗,《集解》之书,盖以编年之法治编年,《释例》之书,则以纪传之意治编年者也。后世注《通鉴》与诠《纲目》者,皆以《集解》为宗,而不知有《释例》之区别,比如有经而无纶,乌能为组织哉?

杜氏《释例》之书,今不得其全矣,其篇第之可见者,乃有《世族》《公子》诸篇,联其属系,则诸表之道,究其始终,则列传之目也。又有《地名》《盟会》之篇,核其壤域,则书志为部,别以内外,则载记所分也。杜氏未曾求合于纪传,而攻治既深,其意自近于纪传,殆犹纵经不可无横纬,

---

① 《释例》,指杜预《春秋释例》十五卷,集《左传》诸例及地名、谱第、历数,整理分部,并为之作注,与其《春秋左传集解》随文注解的体例不同。

势自有所必至耳。

纪传神明，多得《尚书》之遗，如马、班诸家，折衷六艺成一家言，往往以意命篇，不为常例，后人不达微言，或反以为讥耳。必如元氏《科录》①，则流而为类书之摘比，胥吏之簿籍，布密殆如算子，不得法外之微意矣。至如东观②以后，集众修书，则又不可无绳准也。是则同一纪传，亦有区分，微言为著书之宗旨，类例为治书之成法，固各有其当也。

今为编年而作别录，则如每帝纪年之首，著其后妃、皇子、公主、宗室、勋戚、将相、节镇、卿尹、台谏、侍从、郡县、守令之属，区别其名，注其见于某年为始，某年为终，是亦编年之中可寻列传之规模也。其大制作、大典礼、大刑狱、大经

---

① 元氏，即元晖，字景袭，北魏宗室。喜好文学，曾召集儒士崔鸿等人，撰《科录》，记录自伏羲至南朝宋末十四代的重要事迹，以相类似者编为一科。今已亡佚。

② 东观，东汉宫廷中贮藏档案典籍和校书、著述的场所。自东汉明帝时起，班固、刘珍、李尤、刘毅、边韶、崔寔、伏无忌、蔡邕等名儒大家，先后奉诏在东观修撰国史，历时百余年，陆续撰成《汉记》143篇。《隋书·经籍志》著录时称其为《东观汉记》。

营，亦可因事定名，区分品目，注其终始年月，是
又编年之中可寻书志之矩则也。至于两国聘盟，两
国争战，亦可约举年月，系事隶名，是又于编年之
中可寻表历之大端也。如有其事其人不以一帝为终
始者，则于其始见也注其终详某帝，于其终也注其
始详某帝可也。其有更历数朝，仿其意而推之可
也。必以每帝为篇而不总括全代者，《春秋》分纪
十二①，传亦从而分焉。林氏诸国兴废②，亦随代而著
录，取其近而易核，义较前人为长尔。

编年之史，能径而不能曲，凡人与事之有年
可纪、有事相触者，虽细如芥子必书；其无言可纪
与无事相值者，虽巨如泰山不得载也。《左氏春秋》
之记夫子，且不如郑侨③、晋肸④之详，其势然也。
是故以编年之法治纪传则有余，以纪传之例治编年
则类例不能无所缺矣。儒林列女之篇，文苑隐逸之

---

① 《春秋》记事上起鲁隐公，下讫鲁哀公，共十二君。
② 林氏，即林尧叟，字唐翁，南宋人。著《春秋左传句解》，在十二
　　公前备载列国纪年及二十国兴废大事。
③ 郑侨，春秋时郑人，字子产。
④ 晋肸，春秋时晋人，字叔向。

类，纪传之所必具，而编年不必皆有其人，别录但当据其有者而著之，不能取其无者而补之，此则一书自有其义例，毋庸强编年以全同于纪传也。

班氏《古今人表》①，人皆诟之，其实不可厚非。别有专论，此不具论。此非班氏所能自为，疑出汉世《春秋》经师相为授受，意亦刘向《世本》②之属也。班氏多传刘学，故裁取以入史耳。史以记事，事皆人之所为，则人名乃史学要删也。项羽未见史迁列传，即曰"书足以记姓名"，由是推之，古人为《春秋》之学者，必有名字之书，《人表》殆其遗也。自名氏之书不得其传，而史策莾其难治，编年纪传交受其累者也。别录之作，岂得已欤？

史以记人记事，而言辞亦未尝不详也。编年之史，多录诏诰章奏，间及书牍文檄，犹必与事相

---

① 《古今人表》，《汉书》八表之一，分秦以前人物为九等，三国魏张晏讥其"差违纷错"，明杨慎谓其以《汉书》而纪"上古群佐"，"自乱其体"。

② 《世本》，原为先秦史官记录和保存的部分历史档案资料，主要记载了黄帝以来至春秋时（后人增补至汉初）列国诸侯大夫的姓氏、世系、都邑、制作、谥法等。西汉刘向校订群书后，定名为《世本》。

关，不重翰藻；至于纪传之史，则辞赋杂文，浩如烟海。别录区人与事，岂于言辞无所取欤？是当摘取篇名，别为凡目，自成一类，殿于诸类之后，以见本末兼该之旨也。

"别录"之名，仿于刘向，乃是取《七略》之书部，撮其篇目，条其得失，录而奏上之书，以其别于本书，故曰"别录"。今用其名以治纪传编年二家之史，亦曰"别录"，非刘氏之旨也。盖诸家之史，自有篇卷目录冠于其首以标其次第；今为提纲挈领，次于本书目录之后，别为一录，使与本书目录相为经纬，斯谓之"别录"云尔。盖与刘氏之书，同名而异用者也。

杂说上

夫书法之妙，艺林争重；后人追溯，惟谨临摩。临则离形而得似，摩乃抚迹以追神，要皆心具炉锤，思通曲折，然后生同春煦，妙析秋毫。苟神妙难追，临摩乏术，欲存故迹，无逾双钩。双钩者，原于飞白①而不自为主，略同抚摩而不运其笔；两面夹描，中虚着墨；虽使不知书者细意钩之，可使神明绝艺，纤渺无遗。文章之道，亦如是也。钟、王②不世出而双钩不绝于天下，则谨守故迹以待神明于钟、王之法者变而通焉；左、马不世出而

---

① 飞白，汉字书体的一种，相传为东汉蔡邕所创，其字笔画露白，似枯笔所写。
② 钟、王，指钟繇、王羲之。钟繇，字元常，三国魏人；王羲之，字逸少，东晋人，二人皆著名书法家，世合称为"钟王"。

掌故不绝于天下，则整齐故事以待神明于左、马之才者笔而削焉，此则自然之理也。乃今之言书法者不废双钩，而矜文章者耻言掌故，动以作者自命，不肯谨拾闻见以待其人，是犹不能书者，见元常之巧妙，窥逸少之雄奇，而思奋笔追纵，以谓变化由我也，其不同于画墁①也者，亦几希矣。

　　夫礼失者常求诸野，文胜者必反于质，双钩不擅书名而书赖以传，文家必欲文名而真文丧矣。吾于文章一道存双钩之意者，得二家焉：一为竺国②之经律，一为官府之文移。夫其语必叠谦③，字无单著，宁周复而存质，无径省以趋文。苟无左、马之才，而欲当前情事，如风可捕，似电可踪，文人竭力追摹，不若彼二家之自然无失者矣。原彼二家，创斯体例，聿求情理，翳岂无由！竺国经律，本出西域梵书。白马东来④，华言译受，名讳秘密，例故

---

① 墁，màn。画墁，指在新粉刷的墙壁上乱画。
② 竺国，即天竺，印度的古称。
③ 谦，lián，这里指音节联绵。
④ 白马东来，汉明帝派遣中郎将蔡愔等往西域求佛法，蔡愔等进入大月氏国，巧遇在当地传教的天竺高僧摄摩腾、竺法兰，二位高僧应蔡愔之请，用白马驮着一幅佛像及四十二章佛经，跋山涉水于永平十年（公元67年）回到洛阳。汉明帝下令修建精舍，命名为"白马寺"。

不翻。若取波罗揭谛、菩提萨哆之类，凡未及翻者，对音洛诵，初不辨其云何。至于叠文周匝，所谓无上妙觉、真实不虚等语，乃是循绎汉文，通其义意云尔，本质不如是也。使不周详复折，则言语尚不可通，况文理乎？至于官府文移，所以约束期会，敷政出治，苟无定式，则事必扰乱，莫知适从。是以字有隶书，文称刀笔。隶书取其简易，刀笔明其判决。文字重规叠矩，不可一字游移，如官曰官员，吏云吏典，田称田亩，房作房间，亦已不惮繁矣。至于钱谷则册明四柱，旧管一、新收二、开除三，见在四。刑名则勘叠三重，刑部三覆奏，文俱重叠。此皆有似双钩，复而不厌；苟使才人饰以黼藻，文士加以琢雕，则施之有政，达于其事，必有窒碍而不可行者矣。嗟乎！所贵文章，贵乎如其事也，乃文士兴而事实亡。以为才不及乎？曷亦思彼竺国经律与夫官府文移，不必才者而后能也。所患知有文而不知所以为文，譬若画史徒善丹青而不必肖所图者之形象矣。

杂说中

　　嵇生赋琴，从椅梧而详及高冈[1]；马君赋笛，由竹笋而先征幽谷[2]。虽曰数典穷源，亦觉万物本天，不免从同赋六合矣，先辈纵有沿流，后学未宜效也。六朝习尚，争以郡望相高，记传用之，全乖史法。其有史官撰碑，文士铭墓，叙人姓氏，亦必排偶其辞，溯厥渊源，追所自出，莫不上追三五，下逮春秋，采摭成文，铺叙端委，其为繁复，岂特梧冈笋谷而已哉？夫封建罢为郡县，姓氏合而不分。至于上古名号，春秋国族，并于谱牒之书详其

---

① 三国魏嵇康作《琴赋》，起句为："惟椅梧之所生兮，托峻岳之崇冈。"

② 东汉马融作《长笛赋》，起句为："惟鏱笼之奇生兮，于终南之阴崖。"

授受，如张为晋族①、李出皋②支，自《世本》以降，久有明文，则张、李千载著称，直书自见。今为之文者，必援绛、翼③旧都，庭坚④故号，如类书之记典实，策士之疏记诵，岂惟载薪荻以却车，亦见积尘垢以盈橐者矣。

《春秋》比事属辞，必征其类；诗人抑扬咏叹，则兴于物。文虽浅近，旨实闳深。孟子穷舍牛之心，可以推恩反本；史迁征伯夷之怨，极于盗跖、颜渊。比类参观，甚资启悟，一隅三反，文章不可胜用矣。夫义理精微，疏而剔之，恐人昧而不知也；情事显白，指而示之，恐人习而不察也。要必有为而发，则指月可以示人⑤，如其无病而呻，虽抽

---

① 郑樵《通志·氏族志》："晋有解张，字张侯，自此晋国世有张氏。"
② 李氏为皋陶之后，世为大理（掌管刑法的狱官之长），以官为氏，称"理氏"，理、李两字古代通用，老子因祖辈为理官，遂以李为姓，称李耳。
③ 绛、翼，春秋时晋国都城，在今山西翼城县。晋穆侯自曲沃迁都于绛，孝侯时改名"翼"。
④ 庭坚，皋陶的字。
⑤ 《楞严经》："如人以手指月示人，彼人因指当应看月；若复观指以为月体，此人岂唯亡失月轮，亦亡其指。何以故？以所标指为明月故。"

蒲何益亡子邪①！每见文士效矉，无端生慨，如叙妇女贞节，必痛斥须眉丈夫；述韦布②纲常，必力诋金貂③卿相；传微贱名义，必苦訾诗礼名儒；以谓彼望重而不免随流，此责轻而竟能树立，因而歌且蹈足，愤至裂眦。君子观之，不免千篇一律，貌虽似于古人，义实流于浮泛，歌哭虽殷，悲喜何有哉？《易》曰："君子以类族辨物。"《论语》曰："譬诸草木，区以别矣。"天物之大，品类之繁，此宜有而弗有，彼当然而不然，何可胜道？比如山海生植，云霞变幻，事虽奇诡，理实寻常。偶举为证，于理无伤，必欲历历数之，则何可尽也？昔欧阳咏叹李氏，惩二臣也④；柳子激赞宋清，悲穷途

---

① 《左传·宣公十二年》："十二年春，楚子围郑。……夏六月，晋师救郑。……楚熊负羁囚知䓨。知庄子以其族反之，厨武子御，下军之士多从之。每射，抽矢菆，纳诸厨子之房，厨子怒曰：'非子之求而蒲之爱，董泽之蒲，可胜既乎？'知季曰：'不以人子，吾子其可得乎？吾不可以苟射故也。'"

② 韦布，韦带布衣，古代指贫贱之人所穿的粗陋服装。

③ 金貂，汉时武臣佩戴的冠饰，后借称侍从贵臣。

④ 欧阳修《五代史·冯道传序》："予尝得五代时小说一篇，载王凝妻李氏事。……凝……以疾卒于官。……李氏携其子，负其遗骸以归。东过开封、止旅舍，旅舍主人见其妇人独携一子而疑之，不许其宿。李氏顾天已暮，不肯去，主人牵其臂而出之。李氏……即引斧自断其臂。"欧阳修引此，是为了惩戒像冯道一样的"二臣"。

之无与援也[1]；庄生叹异申徒，表德充之符也[2]。无庄生与欧、柳之意，而但取妇女、市侩、残疾之人以衡天下之名教，且谓于是寄感慨，则感慨不可胜用矣。有病风者，索居一室，怒骂不休，或问其所仇毒，则曰："余拙言辞，恐遇侮而口不给也，兹固贮蓄以备他日需尔。"若他人之感慨，其殆贮蓄歌泣以备他日之需者欤！近见文士为人撰宗祠义学规例，序端毒口肆骂世人不知睦族，与勉人进学以反衬之，真恶习也。又韩昌黎作《柳子厚墓志》，叙其与刘禹锡交谊，至欲以柳易播，因痛诋当日交情反覆，落坑阱不救，反挤之又下石等语，亦有所为而发，文亦激昂尽致，后人不解其故，而但赏其文，亦开肆酒骂座无病而呻之渐。

---

[1] 柳宗元有《宋清传》："宋清，长安西部药市人也。居善药……虽不持钱者，皆与善药，积券如山，未尝诣取直……岁终，度不能报，辄焚券。"

[2] 《庄子·德充符》："申徒嘉，兀者也，而与郑子产同师于伯昏无人。子产谓申徒嘉曰：'我先出则子止，子先出则我止。'……申徒嘉曰：'……人以其全足笑吾不全足者多矣。'"兀者，被斩断一只脚的人。

杂说下

　　"古文"之目①，始见马迁。名虽托于《尚书》，义实取于科斗②。古者称字为文③，称文为辞。辞之美者可加以文，言语成章亦谓之辞。口耳竹帛，初无殊别。《春秋传》曰："辞不可已。"《易》曰："旨远辞文。"④夫郑相口宣，叔向称为辑怿⑤，则言语成

---

① 《史记·五帝本纪赞》："总之不离古文者近是。"《索隐》："古文即《帝德》《帝系》二书也。"

② 科斗，又作"蝌蚪"。古文字体，头粗尾细，形似蝌蚪，被称为"科斗书"或"蝌蚪书"。

③ 许慎《说文解字叙》："依类象形，故谓之文。其后形声相益，即谓之字。文者，物象之本；字者，言孳乳而寖多也。"

④ 《易·系辞下》："其旨远，其辞文。"

⑤ 《左传·襄公三十一年》："子产相郑伯如晋，晋侯以我丧故，未之见也。子产使尽坏其馆之垣。"晋国士文伯责备子产，子产抓住士文伯言辞的漏洞，据理力争，使晋国君臣改变了先前傲慢无礼的态度。晋文公接见郑简公，"乃筑诸侯之馆"。叔向说："辞之不可以已也如是夫！……《诗》曰：'辞之辑矣，民之协矣；辞之绎矣，民之莫矣。'其知之矣。"

章，可为辞也。文，周系《易》，夫子赞辞为文，则嘉尚其辞乃为文也。未有以所属之辞即称为文，于文之中又称为古者也。

自东京以还，讫于魏、晋，传记皆分史部，论撰沿袭子流，各有成编，未尝散著。惟是骚赋变体，碑诔杂流，铭颂连珠之伦，七林答问之属，凡在辞流，皆标文号，后世始有《文苑传》。魏文《典论》有《论文》篇，挚虞有《文章流别》，而碑文、祭文，皆以文名，其类实繁。西汉如司马相如《封禅文》，亦后人改题，本传称书，不称文也。于是始以属辞称文，而《文苑》《文选》所由撰辑。彼时所谓文者，大抵别于经传子史，通于诗赋韵言，斯则李《苑》姚《粹》，犹沿其例，覆检部目，可得而言者矣。李苑，指李昉《文苑英华》，避上句《文苑》也。上句《文苑》，乃指梁时《文苑》，在《文选》之前。姚《粹》乃《唐文粹》。

文缘质而得名，古以时而殊号。自六代以前，辞有华朴，体有奇偶，统命为文，无分今古。自制有科目之别，士有应举之文，制必随时，体须合格，束缚驰骤，几于不胜。于是吾衰谁陈，太白慷慨于大雅①；于今何补，昌黎深悲于古人②；玉溪自恨于幕游③，刘伉希风于作者。师鲁④之矫昆体⑤，永叔⑥之谢杨、刘⑦。自后文无定品，俳偶即是从时；学有专长，单行遂名为古。"古文"之目，异于古所云矣。

宋、元经义，明代始专；策论表判，有同儿戏；学者肄习，惟知考墨房行；皆《四书》文。师儒讲求，不外《蒙存》《浅达》。皆四书讲义。间有小诗律赋，骈体韵言，动色相惊，称为古学；即策论变调，表判别裁，亦以向所不习，名曰古文。斯则名实不符，每况愈下，少见多怪，俗学类然。充其义

---

① 李白《古风》："大雅久不作，吾衰竟谁陈？"
② 见韩愈《答崔立之书》。
③ 李商隐，字义山，号玉溪生，晚唐著名诗人。其《樊南甲集序》《樊南乙集序》中历叙在各地作幕僚的经历，自谓期间代幕主所写的文章皆"应求备卒，不足以为名"。
④ 师鲁，即尹洙，字师鲁，北宋散文家。《宋史》称："自唐末历五代，文格卑弱。至宋初，柳开始为古文，洙与穆修复振起之。"
⑤ 宋代杨亿、刘筠、钱惟演等，作诗宗法李商隐、温庭筠，追求词藻，好用典故，文字绮丽，而语意轻浅，将所作唱和之诗编为《西昆酬唱集》，当时学者多效仿，号西昆体，简称昆体。
⑥ 永叔，欧阳修的字。
⑦ 杨、刘，即杨亿、刘筠。

例，异日科举成文，改易他制，必转以考墨房行为古文矣。凡著述当称文辞，不当称古文。然以时文相形，不妨因时称之。

说林

道，公也；学，私也。君子学以致其道，将尽人以达于天也。人者何？聪明才力，分于形气之私者也。天者何？中正平直，本于自然之公者也。故曰道公而学私。

道同而术异者：韩非有《解老》《喻老》之书①，列子有《杨朱》之篇②，墨者述晏婴之事③，作用不同，而理有相通者也。术同而趣异者：子张难子

---

① 《韩非子》中《解老》《喻老》两篇，均为解释《老子》而作，但老子属道家，而韩非属法家。
② 《列子·杨朱》，记载杨朱的言论。
③ 柳宗元认为《晏子春秋》为墨子门徒所作。校订者按：柳宗元《辩晏子春秋》："后之录诸子书者，宜列之墨家。非晏子为墨也，为是书者，墨之道也。"

夏之交①，荀卿非孟子之说②，张仪破苏秦之从，宗旨不殊，而所主互异者也。

渥洼之驹③，可以负百钧而致千里，合两渥洼之力，终不可致二千里。言乎绝学孤诣，性灵独至，纵有偏阙，非人所得而助也。两渥洼驹，不可致二千里，合两渥洼之力，未始不可负二百钧而各致千里。言乎鸿裁绝业，各效所长，纵有牴牾，非人所得而私据也。

文辞非古人所重，草创讨论，修饰润色，固已合众力而为辞矣。④期于尽善，不期于矜私也。丁敬礼使曹子建润色其文，以谓后世谁知定吾文者，⑤是有意于欺世也。存其文而兼存与定之善否，是使

---

① 事见《论语·子张》。
② 《荀子·非十二子》谓子思、孟子："略法先王而不知其统，……甚僻违而无类，幽隐而无说，闭约而无解。"
③ 渥洼，wòwā，水名，在今甘肃瓜州县。《史记·乐书》："尝得神马渥洼水中。"此处"渥洼之驹"代指神马。
④ 《论语·宪问》："为命，裨谌草创之，世叔讨论之，行人子羽修饰之，东里子产润色之。"
⑤ 曹子建，即曹植。曹植《与杨德祖书》："昔丁敬礼常作小文，使仆润饰之。仆自以才不过若人，辞不为也。敬礼谓仆：'卿何所疑难？文之佳恶，吾自得之，后世谁相知定吾文者邪？'"

后世读一人之文而获两善之益焉，所补岂不大乎？

才之长短不可掩，而时之今古不可强。司马迁述《尚书》《左》《国》之文，孑孑而不足，述战国、楚、汉之文，恢恢而有余，非特限于才，抑亦拘于时也。惟其并存而无所私，故听人决择而己不与也。

司马迁袭《尚书》《左》《国》之文，非好同也，理势之不得不然也。司马迁点窜《尚书》《左》《国》之文，班固点窜司马迁之文，非好异也，理势之不得不然也。有事于此，询人端末，岂必责其亲闻见哉？张甲述所闻于李乙，岂盗袭哉？人心不同如其面也，张甲述李乙之言，而声容笑貌不能尽为李乙，岂矫异哉？

孔子学周公，周公监二代，二代本唐、虞，唐、虞法前古，故曰："道之大原出于天。"盖尝观于山下出泉，沙石隐显，流注曲直，因微渐著，而知江河舟楫之原始也；观于孩提呕哑，有声无言，形揣意求，而知文章著述之最初也。

有一代之史，有一国之史，有一家之史，有一人之史。整齐故事与专门家学之义不明，详《释通》

《答客问》。而一代之史鲜有知之者矣；州县方志与列国史记之义不明，详《方志》篇。而一国之史鲜有知之者矣；谱牒不受史官成法，详《家史》篇。而一家之史鲜有知之者矣；诸子体例不明，文集各私撰著，而一人之史鲜有知之者矣。

展喜受命于展禽①，则却齐之辞，谓出展禽可也，谓出展喜可也。弟子承师说而著书，友生因咨访而立解，后人援古义而敷言，不必讳其所出，亦自无愧于立言者也。

子建好人讥诃其文，有不善者，应时改定。②讥诃之言可存也，改定之文亦可存也。意卓而辞踬者，润丹青于妙笔；辞丰而学疏者，资卷轴于腹笥③。要有不朽之实，取资无足讳也。

陈琳为曹洪作书上魏太子，言破贼之利害，此意诚出曹洪，明取陈琳之辞，收入曹洪之集可也。

---

① 《左传·僖公二十六年》："夏，齐孝公伐我北鄙。……公使展喜犒师，使受命于展禽。"
② 曹植《与杨德祖书》："世人之著述，不能无病。仆常好人讥弹其文，有不善者，应时改定。"
③ 笥，sì，书箱。腹笥，比喻腹中所记的书籍或腹中的学问。《后汉书·边韶传》："腹便便，五经笥。"

今云："欲令陈琳为书，琳顷多事，故竭老夫之思。"又云："怪乃轻其家丘，谓为倩人。"①此掩著之丑也，不可入曹洪之集矣。

譬彼禽鸟，志识其身，文辞其羽翼也。有大鹏千里之身，而后可以运垂天之翼。鹦雀假雕鹗之翼，势未举而先踬矣，况鹏翼乎！故修辞不忌夫暂假，而贵有载辞之志识，与己力之能胜而已矣。噫！此难与溺文辞之末者言也。

诸子一家之宗旨，文体峻洁而可参他人之辞；文集杂撰之统汇，体制兼该而不敢入他人之笔，其故何耶？盖非文采辞致不如诸子，而志识卓然，有其离文字而自立于不朽者，不敢望诸子也。果有卓然成家之文集，虽入他人之代言，何伤乎？

集之始于流别也，后人汇聚前人之作，欲以览其全也，亦犹撰次诸子，即人以名其书之意也。诸子之书，载其言并记其事，以及他人之言其言者，

---

① 语均见陈琳《为曹洪与魏文帝书》。陈琳，字孔璋，三国魏著名文学家，"建安七子"之一。曹洪，字子廉，曹操堂弟。家丘，"东家丘"的简称。《孔子家语》："孔子西家有愚夫，不知孔子为圣人，乃曰：'彼东家丘。'"后用为典故，表不识人之意。

而其人之全可见也。文集萃其文，《文章流别集》。别著其事，《文章志》。以及他人之论其文者，《文章论》。故挚虞之《流别》，本与《文章志》《论》三书相辅而行也，则其人之全亦可见也。今无挚氏之三书，而编次卓然不朽之文集，则关于其人之行事，与人之言其言，与论其人与文者，故当次于其书以备其人之本末也，是则一人之史之说也。

庄周《让王》《渔父》诸篇，辨其为真为赝；屈原《招魂》《大招》之赋，争其为玉为瑳①，固矣夫，文士之见也！

醴泉，水之似醴者也，天下莫不饮醴而独恨不得饮醴泉，甚矣，世之贵夫似是而非者也！

著作之体，援引古义，袭用成文，不标所出，非为掠美，体势有所不暇及也。亦必视其志识之足以自立，而无所藉重于所引之言，且所引者并悬天壤，而吾不病其重见焉，乃可语于著作之事也。考证之体，一字片言，必标所出。所出之书，或不一二而足，则必标最初者；譬如马、班并有，用马而不

---

① 玉，指宋玉；瑳，指景瑳，又作"景差"。相传二人皆为屈原弟子。

用班。最初之书既亡，则必标所引者，譬如刘向《七略》既亡，而部次见于《汉·艺文志》，阮孝绪《七录》既亡，而阙目见于《隋·经籍志》注，则引《七略》《七录》之文，必云《汉志》《隋注》。乃是"慎言其余"之定法也。书有并见而不数其初，陋矣；引用逸书而不标所出，使人观其所引，一似逸书犹存。罔矣；以考证之体而妄援著作之义，以自文其剽窃之私焉，谬矣。

文辞，犹三军也；志识，其将帅也。李广入程不识之军，而旌旗壁垒一新焉，固未尝物物而变，事事而更之也。知此意者，可以袭用成文，而不必己出者矣！

文辞，犹舟车也；志识，其乘者也。轮欲其固，帆欲其捷，凡用舟车，莫不然也。东西南北，存乎其乘者矣。知此义者，可以以我用文，而不致以文役我者矣。

文辞，犹品物也；志识，其工师也。橙橘楂梅，庖人得之，选甘脆以供笾实也；医师取之，备药毒以疗疾疢也。知此义者，可以同文异取，同取异用，而不滞其迹者矣。古书断章取义，各有所用，拘儒不达，介介而争。

文辞，犹金石也；志识，其炉锤也。神奇可化臭腐，臭腐可化神奇。知此义者，可以不执一成之说矣。有所得者即神奇，无所得者即臭腐。

文辞，犹财货也；志识，其良贾也。人弃我取，人取我与，则贾术通于神明。知此义者，可以斟酌风尚而立言矣。风尚偏趋，贵有识者持之。

文辞，犹药毒也；志识，其医工也。疗寒以热，热过而厉甚于寒；疗热以寒，寒过而厉甚于热；良医当实甚而已有反虚之忧，故治偏不激而后无余患也。知此义者，可以拯弊而处中矣。

转桔槔之机者，必周上下前后而运之。上推下挽，力所及也；正前正后，力不及也。倍其推则前如坠，倍其挽则后如跃；倍其力之所及，以为不及之地也。人之聪明知识，必有力所不及者，不可不知所倍以为之地也。

五味之调，八音之奏，贵同用也。先后尝之，先后听之，不成味与声矣。邮传之达，刻漏之直，贵接续也。并驰同止，并直同休，不成邮与漏矣。书有数人共成者，历先后之传而益精，获同时之助而愈疏也。先后无争心，而同时有胜气也；先后可

217

授受，而同时难互喻也；先后有补救，而同时鲜整暇也。

人之有能有不能者，无论凡庶圣贤，有所不免者也。以其所能而易其不能，则所求者可以无弗得也。主义理者拙于辞章，能文辞者疏于征实，三者交讥而未有已也。义理存乎识，辞章存乎才，征实存乎学，刘子玄所以有三长难兼之论也。一人不能兼，而咨访以为功，未见古人绝业不可复绍也。私心据之，惟恐名之不自我擅焉，则三者不相为功，而且以相病矣。

所谓好古者，非谓古之必胜乎今也，正以今不殊古，而于因革异同求其折衷也。古之糟魄，可以为今之精华，非贵糟魄而直以为精华也，因糟魄之存而可以想见精华之所出也；如类书本无深意，古类书尤不如后世类书之详备，然援引古书，为后世所不可得者藉是以存，亦可贵宝矣。古之疵病，可以为后世之典型，非取疵病而直以之为典型也，因疵病之存而可以想见典型之所在也。如《论衡》最为偏驳，然所称说，有后世失其传者，未尝不藉以存。是则学之贵于考征者，将以明其义理尔。

"出辞气，斯远鄙悖矣。"悖者修辞之罪人，鄙则何以必远也？不文则不辞，辞不足以存，而将并所以辞者亦亡也。诸子百家，悖于理而传者有之矣，未有鄙于辞而传者也。理不悖而鄙于辞，力不能胜；辞不鄙而悖于理，所谓"五谷不熟，不如荑稗"①也。理重而辞轻，天下古今之通义也。然而鄙辞不能夺悖理，则妍媸好恶之公心，亦未尝不出于理故也。

波者水之风，风者空之波，梦者心之华，文者道之私。止水无波，静空无风，至人无梦，至文无私。

演口技者，能于一时并作人畜、水火、男妇、老稚千万声态，非真一口能作千万态也。千万声态齐于人耳，势必有所止也，取其齐于耳者以为止，故操约而致声多也。工绘事者，能于尺幅并见远近、浅深、正侧、回互千万形状，非真尺幅可具千万状也。千万形状齐于人目，势亦有所止也，取其齐于目者以为止，故笔简而著形众也。夫声色齐

---

① 语见《孟子·告子上》。校订者按：原文作"五谷者，种之美者也；苟为不熟，不如荑稗。"

于耳目，义理齐于人心，等也。诚得义理之所齐，而文辞以是为止焉，可以与言著作矣。

天下有可为其半而不可为其全者。偏枯之药可以治偏枯，倍其偏枯之药不可以起死人也。此说见《吕氏春秋》。天下有可为其全而不可为其半者。樵夫担薪两钧，捷步以趋，去其半而不能行，非力不足，势不便也。风尚所趋，必有其弊，君子立言以救弊，归之中正而已矣。惧其不足夺时趋也而矫之或过，则是倍用偏枯之药而思起死人也；仅取救弊而不推明斯道之全量，则是担薪去半而欲恤樵夫之力也。

厉风可以拔百围之木，而不可以折径寸之草；钱镈①可以刈蔓野之草，而不可以伐拱把之木。大言炎炎，不计小辨；小智察察，不究大道。

十寸为尺，八尺曰寻，度八十尺而可得十寻，度八百寸而不可得十寻者，积小易差也。一夫之力可耕百亩，合八夫之力而可耕九百亩者，集长易举

---

① 钱，jiǎn，铁铲，用以铲地除草。镈，bó，古代锄草的农具。《诗·周颂·臣工》："庤乃钱镈。"

也。学问之事，能集所长而不泥小数，善矣。

　　风会所趋，庸人亦能勉赴；风会所去，豪杰有所不能振也。汉廷重经术，卒史亦能通六书，吏民上书讹误辄举劾。后世文学之士，不习六书之义者多矣。羲之俗书，见讥韩氏，韩氏又云："为文宜略识字。"岂后世文学之士，聪明智力不如汉廷卒史之良哉？风会使然也。越人相矜以燕语，能为燕语者，必其熟游都会，长于阅历，而口舌又自调利过人者也。及至燕，则庸奴贱婢，稚女髫童，皆燕语矣。以是矜越语之丈夫，岂通论哉？仲尼之门，五尺童子，羞称五霸，必谓五尺童子，其才识过于管仲、狐、赵①诸贤焉，夫子之所不许也。五谷之与稊稗，其贵贱之品有一定矣，然而不熟之五谷，犹逊有秋之稊稗焉。而托一时风会所趋者，诩然自矜其途辙，以谓吾得寸木，实胜彼之岑楼焉②，其亦可谓不达而已矣。尊汉学，尚郑、许③，今之风尚如此，此乃学古，非

----

① 狐、赵，指狐偃、赵衰，二人辅佐晋文公成就霸业。
② 《孟子·告子下》："方寸之木可使高于岑楼。"
③ 郑、许，指郑玄、许慎，皆东汉古文经学家。许慎，字叔重，博学经籍，著有《说文解字》。

即古学也。居然唾弃一切，若隐有所恃。

王公之仆圉，未必贵于士大夫之亲介也，而是仆圉也，出入朱门甲第，诩然负异，而骄士大夫曰："吾门大！"不知士大夫者，固得叱而系之以请治于王公，王公亦必挞而楚之，以谢闲家之不饬也。学问不求有得而矜所托以为高，王公仆圉之类也。

人生不饥，则五谷可以不艺也；天下无疾，则药石可以不聚也。学问所以经世，而文章期于明道，非为人士树名地也。

汉廷治河必使治《尚书》者，《尚书》岂为治河设哉？学术固期于经世也。文史之儒，以为《尚书》所载，经纬天地，今只用以治河，则是道大而我小之也。此则后世之士务求赅遍而不切实用之通病也。得一言而致用，愈于通万言而无用者矣。

"丧欲速贫，死欲速朽"，有子以谓非君子之言。然则有为之言，不同正义，圣人有所不能免也。今之泥文辞者，不察立言之所谓而遽断其是非，是欲责人才过孔子也。

樊迟问仁，子曰："爱人。"问知，子曰："知人。"他日问仁，子曰："仁者先难而后获。"问知，子曰："务民之义，敬鬼神而远之。"同一樊迟，同一问仁问知，而所言先后各殊，则言岂一端而已哉？必有所为而不可以强执也。幸而其言出于夫子也，出之他人，必有先后矛盾之诮矣。

《春秋》讥佞人，《公羊传》。夫子尝曰："恶佞口之覆邦家者。"是佞为邪僻之名矣。或人以为"雍也仁而不佞"，或人虽甚愚，何至惜仁人以不能为邪僻？且古人自谦称不佞，岂以不能邪僻为谦哉？是则佞又聪明才辨之通称也。荀子著《性恶》，以谓圣人为之"化性而起伪"。"伪"于六书，人为之正名也。荀卿之意，盖言天质不可恃，而学问必藉于人为，非谓虚诳欺罔之伪也。而世之罪荀卿者，以谓诬圣为欺诳，是不察古人之所谓而遽断其是非也。

古者文字无多，转注通用，义每相兼。诸子著书，承用文字，各有主义，如军中之令，官司之式，自为律例。其所立之解，不必彼此相通也。屈平之"灵修"，庄周之"因是"，韩非之"参伍"，鬼谷之"捭阖"，苏张之"纵衡"，皆移置他人之书而莫知其所谓者也。佛家之根尘、法相，法律家之以准、皆各、及其、即若，皆是也。

韩子曰："博爱之谓仁。"宋儒讥之，以为必如周子所言"德爱曰仁"而后可。数百年来，莫不奉宋儒为笃论矣。今考周子初无"德爱曰仁"之说也。《通书·诚几德》篇有曰："诚，无为；几，善恶；德：爱曰仁，宜曰义。"曰礼，曰智，曰信，皆有说焉。周子之意，若曰诚者何？谓无为是也；几者何？谓善恶是也；德者何？谓在爱曰仁，在宜曰义，礼、智与信，俱在德也。德有五者，韩子《原性》之篇已明著矣，与周子无殊旨也。"博爱曰仁"，即周子之"爱曰仁"也，合《原性》而观之，则韩子之说较周子为尤备也。以其出于韩子，则删去《原性》而摘博爱之为偏；出于周子，则割截句读而以德爱为至论。同一言也，不求至是而但因人而异听，不啻公甫之母与妻也[1]。此论古之深患也。

李汉[2]序韩氏文曰："文者，贯道之器。"其言

---

[1] 公甫，指公甫文伯，春秋时鲁国大夫，名歜。文伯去世时，他的妻妾们都痛哭，文伯的母亲敬姜没有哭，并认为文伯在世时，接人待物多有失礼之处。事见《礼记·檀弓下》及《孔子家语》。

[2] 李汉，字南纪，韩愈弟子兼女婿。《昌黎先生集》是韩愈去世后，由李汉编纂而成，并撰《昌黎先生集序》。

深有味也。宋儒讥之，以为道无不在，不当又有一物以贯之。然则"率性之谓道"，不当又有一物以率之矣。

冯煖①问孟尝君，收责反命，何市而归？则曰："视吾家所寡有者。"学问经世，文章垂训，如医师之药石偏枯，亦视世之寡有者而已矣。以学问文章徇世之所尚，是犹既饱而进粱肉，既暖而增狐貉也。非其所长而强以徇焉，是犹方饱粱肉而进以糠秕，方拥狐貉而进以裋褐也。其有暑资裘而寒资葛者，吾见亦罕矣。

宝明珠者，必集鱼目；尚美玉者，必竞碔砆②，是以身有一影而罔两居二三也。罔两乃影旁微影，见《庄子》注。然而鱼目碔砆之易售，较之明珠美玉为倍捷也。珠玉无心而碔砆有意，有意易投也；珠玉难变而碔砆能随，能随易合也；珠玉自用而碔砆听用，听用易惬也。珠玉操三难之势而无一定之价，碔砆乘三易之资而求价也廉，碔砆安得不售，而珠

---

① 冯煖，又作"冯谖"，战国时齐国人，家贫无以为生，经友人介绍作孟尝君门下的食客。

② 碔砆，wǔfū，似玉的美石。

玉安得不弃乎？

鸩之毒也，犀可解之；瘴之厉也，槟榔苏之。有鸩之地，必有犀焉；瘴厉之乡，必有槟榔。天地生物之仁，亦消息制化之理有固然也。汉儒传经贵专门，专门则渊源不紊也，其弊专己守残而失之陋。刘歆《七略》，论次诸家流别而推官礼之遗焉，所以解专陋之瘴厉也。唐世修书置馆局，馆局则各效所长也，其弊则漫无统纪而失之乱。刘知几《史通》扬榷古今利病而立法度之准焉，所以治散乱之瘴厉也。学问文章，随其风尚所趋而瘴厉时作者，不可不知槟榔犀角之用也。

所虑夫药者，为其偏于治病，病者服之可愈，常人服之或反致于病也。夫天下无全功，圣人无全用。五谷至良贵矣。食之过乎其节，未尝不可以杀人也。是故知养生者，百物皆可服；知体道者，诸家皆可存。六经三史，学术之渊源也，吾见不善治者之瘴厉矣。

学问文章，聪明才辨，不足以持世。所以持世者，存乎识也。所贵乎识者，非特能持风尚之偏而已也，知其所偏之中亦有不得而废者焉；非特能用独擅之长而已也，知己所擅之长亦有不足以该者焉。不得而废者，严于去伪风尚所趋，不过一偏，惟伪托者并其偏得亦为所害。而慎于治偏，真有得者，但治其偏足矣。则可以无弊矣。不足以该者，阙所不知而善推能者，无有其人，则自明所短，而悬以待之，人各有能有不能，充类至尽，圣人有所不能，庸何伤乎？今之伪趋逐势者，无足责矣。其间有所得者，遇非己之所长，则强不知为知，否则大言欺人，以谓此外皆不足道。夫道大如天，彼不见天者，曾何足论？己处门内，偶然见天，而谓门外之天皆不足道，有是理乎？曾见其人，未暇数责。亦可以无欺于世矣。夫道公而我独私之，不仁也。风尚所趋，循环往复，不可力胜。乃我不能持道之平，亦入循环往复之中，而思以力胜，不智也。不仁不智，不足以言学也，不足言学而嚣嚣言学者乃纷纷也。

图书在版编目（CIP）数据

文史通义 / 章锡琛选注；赵芳媛校订 . —北京：商务印书馆，2022（2022.11 重印）
（学生国学丛书新编 / 王宁主编）
ISBN 978-7-100-20591-7

I.①文… Ⅱ.①章… ②赵… Ⅲ.①文史—研究—中国—清前期②《文史通义》—注释 Ⅳ.① K092.49

中国版本图书馆 CIP 数据核字（2022）第 007105 号

学生国学丛书新编
文史通义
章锡琛　选注
赵芳媛　校订

───────────────────────

商 务 印 书 馆 出 版
（北京王府井大街 36 号　邮政编码 100710）
商 务 印 书 馆 发 行
北京市十月印刷有限公司印刷
ISBN 978 - 7 - 100 - 20591 - 7

───────────────────────

2022 年 11 月第 1 版　　　　开本 787×1092　1/32
2022 年 11 月北京第 2 次印刷　印张 7 3/4

定价：49.00 元